PALABRAS QUE HABLAN DE SEVILLA

José María Toro Piqueras
Rocío Rojas-Marcos Albert
(Coordinadores)

PALABRAS QUE HABLAN DE SEVILLA

Editorial
Universidad de Sevilla

Sevilla 2026

Colección Ciencia al Alcance
Núm.: 11

La presente obra se ha financiado con una ayuda a la Transferencia del Conocimiento de VII Plan Propio de la US.

Motivo de cubierta: © Catalina González y José María Toro

© Editorial Universidad de Sevilla 2026
c/ Porvenir, 27 - 41013 Sevilla.
Tfnos.: 954 487 447; 954 487 451
Correo electrónico: info-eus@us.es
Web: https://editorial.us.es
© José María Toro Piqueras y Rocío Rojas-Marcos Albert (coordinadores) 2026
© De los textos, los autores 2026
Impreso en papel ecológico
Impreso en España-Printed in Spain
ISBN: 978-84-472-3136-2
Depósito Legal: SE 52-2026
Maquetación y diseño de cubierta: Javier Rodríguez-Piñero Rengel
Impresión: Podiprint

Índice

Preámbulo

Aparece la obra titulada *Palabras que hablan de Sevilla,* que continúa la línea editorial ya inaugurada en 2024 con los títulos *Filología pasea por Sevilla* y *Filología y nuevas tecnologías.* La obra que ahora se presenta, como los dos libros mencionados, se incardina en la colección «Ciencia al alcance» de la Editorial Universidad de Sevilla.

Esta nueva publicación contiene diez capítulos en los que el lector va a realizar un viaje sorprendente; al recorrer las páginas de la obra se descubrirán curiosidades sevillanas mediante narrativas históricas, lingüísticas, literarias y culturales, y en todas ellas se hallarán numerosas anécdotas en torno a la ciudad de Sevilla. En este libro se analizan términos, se proponen *palabras* que aparecen estudiadas desde perspectivas muy distintas, de manera que todas ellas diseñan en su conjunto un magnífico y polifacético retrato de nuestra ciudad, de su cultura e idiosincrasia.

Como en los dos libros anteriores, los autores de cada uno de estos diez capítulos mencionados son profesores e investigadores vinculados a la Facultad de Filología de la Universidad de Sevilla; por lo tanto, han dado forma a un volumen que también habla de nuestra Facultad y de algunos de los variadísimos temas que en ella se cultivan y/o se imparten.

En la base de este libro se hallan el conocimiento y la especialización de sus autores, los cuales se expresan con un lenguaje riguroso y a la vez atractivo y cercano, de manera que han conseguido conectar con la ciudadanía sevillana, así como con todos los interesados por los temas abordados, respondiendo con ello a la demanda de una población que desea acceder al saber y a la ciencia desde contextos ajenos a lo estrictamente académico. Por lo tanto, quiero agradecerles su interés por participar en la nueva publicación que ahora se presenta, en la que regalan y difunden saber y muchas cosas más.

Los profesores Rocío Rojas-Marcos y José María Toro Piqueras han coordinado la obra de forma excelente y han logrado destacar, con acierto y finura, los perfiles que nos planteamos desde el principio. Tal como ellos han escrito: «*Palabras que hablan de Sevilla* nace del deseo de rastrear en cada fragmento lingüístico el pulso vivo de una ciudad que se expresa con historia, arte y comunidad [...] [En esta obra] cada capítulo aporta una pieza esencial para entender cómo Sevilla se construye y se lee en la palabra, la imagen y el sonido, reforzando un orgullo local que se alimenta a cada paso de su riqueza cultural».

Por último, he de subrayar que la publicación de este libro ha sido posible gracias a la subvención que me fue otorgada por el VII Plan Propio de la Universidad, dedicada a la realización de tareas de transferencia del conocimiento. Asimismo, ha sido imprescindible el apoyo económico de la Editorial Universidad de Sevilla y el interés y acogida de su directora, la profesora Araceli López Serena. Por lo tanto, quiero expresar mi más sincero agradecimiento a todos los que han hecho posible la aparición de este nuevo libro. Deseo, además, felicitarlos porque seguir apoyando y difundiendo el saber más allá de los ámbitos estrictamente universitarios es una tarea plausible.

Quiero recordar también que cuando solicité las ayudas mencionadas ocupaba el cargo de vicedecana de Investigación, Transferencia y Promoción Institucional de la Facultad de Filología. En el contexto de este cargo elaboré el proyecto y me fueron concedidas las ayudas. Por ello, si bien dicho vicedecanato ya no existe, deseo dejar patente que mi interés de entonces, así como mi afecto a los que pusieron en marcha el proceso, son los mismos que persisten ahora en el momento de la publicación de la obra. Dado que el libro, como se ha dicho, surge del buen hacer de un grupo de profesores de esta Facultad, ojalá se haga evidente a lo largo de sus páginas la riqueza, la diversidad, versatilidad y posibilidades de estudio y especialización que ofrece este centro, donde la contemporaneidad más absoluta y la inmersión en el pasado se producen a un mismo tiempo, sin conflictos; muchos tesoros se comparten en las enseñanzas de sus profesores e investigadores, como se pone de manifiesto en este volumen *Palabras que hablan de Sevilla*.

Fátima Roldán Castro
Sevilla, mayo de 2025

Introducción

*P*alabras que hablan de Sevilla es el título dado a este nuevo volumen de la colección Ciencia al alcance de la Editorial Universidad de Sevilla. Una obra compuesta a partir de las contribuciones de diez firmas académicas que ponen su conocimiento filológico al servicio de la necesaria labor divulgativa que tan importante resulta en este tiempo, que desde las universidades se difunda la labor que realizamos y llegue a la ciudadanía. En esta ocasión hemos centrado el objeto de estudio en las palabras, concretamente en aquellas a través de las que podemos conocer mejor la ciudad de Sevilla, pero hacerlo desde los puntos de vista que las ciencias filológicas nos permiten. Así, *Palabras que hablan de Sevilla* nace del deseo de rastrear en cada fragmento lingüístico el pulso vivo de una ciudad que se expresa con historia, arte y comunidad. Esta obra se despliega como un mosaico en el que las voces de académicos, filólogos, artistas y viajeros confluyen para explorar diez ámbitos diferentes: desde la etimología de un *«tronío»*, que hace siglos olía a trueno, hasta la transgresión impresa en una puerta de baño universitario; desde el grafiti glocal que decora muros y pantallas, hasta el rey poeta que salió de Al-Ándalus para tornar su nostalgia en verso. Cada capítulo aporta una pieza esencial para entender cómo Sevilla se construye y se lee en la palabra, la imagen y el sonido, reforzando un orgullo local que se alimenta a cada paso de su riqueza cultural.

Al recorrer estos textos, descubrimos métodos diversos –la filología histórica, la investigación de corpus, la etnografía académica, la teoría psicolingüística– que, juntos, cifran un proyecto interdisciplinar. Leemos sobre grafiteros que combinan anglicismos y caligrafiti en Instagram; sobre programas de reconocimiento de voz que tropiezan con la aspiración de la */s/* andaluza; sobre la traducción de «ole» y «mi *arma*» para audiencias globales y sobre modismos que desbordan la letra para instalarse en la mente o en la lengua de signos. El resultado es un fresco poliédrico del habla y de los signos de Sevilla, tan variado como sus barrios y tan profundo como sus tradiciones.

En el primer capítulo, Caro Rodríguez rescata el esplendoroso vocablo *tronío*, aquel antiguo «tronido» que reverberó en bailes, corridas y textos costumbristas como sinónimo de poder y distinción. Desde el Siglo de Oro hasta Baroja, la palabra osciló entre la admiración y la ironía, hasta que la industrialización la relegó al olvido. Sin embargo, en ferias, cantes flamencos y festejos taurinos, el «*tronío*» pervive como puente entre lo señorial y lo popular, recordándonos el poder de un solo término para narrar epopeyas cotidianas.

A continuación, Cuadros Muñoz explora el grafiti sevillano como fenómeno glocal: arte callejero que fusiona dialecto andaluz, anglicismos del hiphop y muralismo y que encuentra en Instagram, la realidad aumentada y los colectivos de «cazadores» digitales un amplificador de su efímera belleza. A través de la obra de Logan, Seleka Muñoz o Zësar Bahamonte, entendemos la tensión entre firma textual y gran formato, entre la calle y la pantalla y constatamos cómo el *like* virtual redefine el respeto al arte urbano.

En su capítulo, García Junco Jiménez reivindica el *andalú* en la tecnología, desmontando prejuicios que tacharon al habla de «sesteo» y mostrando su triunfo como seña de identidad. Desde un Minecraft andaluz hasta Wordle con grafía única, el texto culmina en un experimento con dictado de Word: la IA recupera la */s/* aspirada en español, pero se pierde al reconocer *house, horse* o nombres ingleses. Una prueba fehaciente de que la lengua andaluza exige que la tecnología la escuche y la entienda con sus matices.

Gordón Peral nos transporta a la Sevilla medieval para descifrar el misterio del odónimo Vib Arragel. Tras rastrear formas como Bibarraguel o Vibrasel, demuestra que *bāb* («puerta») y al Ragwâl (la fortaleza islámica junto al Guadalquivir) se conservan en un topónimo que enlaza arqueología, crónicas árabes y cartografía moderna. Un ejemplo de cómo el análisis toponímico ilumina la historia urbana.

Cristina Lastres López aplica la lingüística de corpus al inglés y revela que, de 81 960 apariciones de «Sevill-» en noticias *online*, la mayor parte alude al Sevilla Fútbol Club, con variaciones por región (Reino Unido, Ghana, Kenia). Así, el turismo, la política y, sobre todo, el deporte, se configuran como las claves anglófonas que asocian la palabra «Seville» con una ciudad que trasciende su nombre.

Méndez Orense y su equipo descifran la latrinalia universitaria como un parlamento anónimo donde estudiantes escriben con rasgos andaluces auténticos (elisión de –d–, aspiración de –s–, apócope) para reforzar su identidad y jugar con la norma. Un microcosmos lingüístico que revela la potencia creativa de una comunidad académica que dialoga en las puertas de los baños.

El retrato de Al-Mu'tamid por Rojas-Marcos rescata la vida y la lírica del «rey poeta» de la taifa sevillana: su alianza con Ibn 'Ammar, el exilio en Tánger, el desgarro que floreció en versos inmortales y su eco en Blas Infante, José Muñoz San Román, Enrique Morente o Carlos Cano. Un testimonio de cómo la poesía convierte la derrota en símbolo de una herencia andalusí perenne.

Rosal Bustamante examina los retos de la subtitulación en el *boom* audiovisual sevillano, donde «mi *arma*», «mollete» o «esta *levantá*» corren el riesgo de diluirse en traducciones literales o automáticas. A partir de series de Netflix y Disney+, propone soluciones que preserven el acento y la cultura sin sacrificar la legibilidad, reivindicando al traductor como mediador cultural imprescindible.

Sonja Sevo nos sumerge en la fonética sevillana: el seseo y el ceceo, la aspiración de la «s» final, la «ch» aflojada, el yeísmo o la pérdida de la «d» intervocálica. Cada rasgo es un vestigio histórico y un rasgo identitario que atraviesa la vida urbana y rural y nos recuerda que la lengua es un mapa de memoria colectiva.

Finalmente, Emanuela Todisco reflexiona sobre expresiones idiomáticas como *teskiyá* y *noniná,* combinando teorías no composicionales, composicionales, híbridas y de relevancia, y extendiendo el análisis a la lengua de signos andaluza. Sus ejemplos muestran cómo los refranes sobreviven en la mente y en la cultura, volteando la literalidad para encarnar procesos cognitivos y puentes interculturales.

En conjunto, estos diez capítulos dibujan un retrato caleidoscópico de Sevilla: una ciudad hablada, escrita y cantada que conserva sus raíces mientras dialoga con el mundo. *Palabras que hablan de Sevilla* es, en última instancia, un homenaje a la lengua como territorio vivo, un viaje de voces que surfean la tradición y la innovación para mantener encendida la llama de una identidad única.

José María Toro Piqueras
Rocío Rojas-Marcos Albert

Palabras que hablan de Sevilla

Majestuosidad y declive: el legado cultural de *tronío*

Inmaculada Caro Rodríguez
Universidad de Sevilla

1. Introducción

*T*ronío es una palabra que en su momento tuvo un impacto significativo en Sevilla y actualmente se encuentra relegada a la tauromaquia y el flamenco. Este término encuentra su origen en tronido, palabra asociada al sonido del trueno, lo cual aporta connotaciones de resonancia y poder. Como consecuencia, sus primeras aplicaciones literarias y culturales utilizan esta palabra para resaltar la grandeza, el esplendor y la majestuosidad, tanto de personas como de eventos, atributos que sugieren no solo una presencia imponente, sino también la dignidad y la autoridad. Asimismo, el *Diccionario de la lengua española* de la Real Academia Española (RAE) define *tronío* como «ostentación y arrogancia» y «categoría o importancia de algo o de alguien» (RAE, 2023), precisando así la dualidad del término: por un lado, le otorga un valor de prestigio; por otro, un tono de ostentación.

Esta particularidad permite que esta palabra funcione de manera versátil en textos literarios, aportando tanto una dimensión de respeto como una crítica sutil a la vanidad de las élites sociales. Villar indica en Lexicón de *León de Greiff* (2019) que se encuentran ejemplos de esta palabra en el XVI en Juan de Padilla y Juan de Ávila. En el Siglo de Oro, este término aparece asociado con el baile y las clases

Figura 1. Sevilla y su tronío. Caro Rodríguez, I. (2024).
[Imagen generada por IA con intervención humana]. DALL-E 2.
La imagen define el carácter, la esencia y el ambiente vibrante de Sevilla

populares, puesto que se encuentran referencias a «mujeres de tronío» (Berlanga, 2000: 10; Puig, 1977: 56) tanto en Madrid como en Andalucía con el fin de enfatizar la magnificencia de ciertos personajes, destacando su poder social, sus actitudes ostentosas que el público contemporáneo podía reconocer e, incluso, se empleaba para cuestionar la realidad con un matiz satírico para caracterizar a figuras o situaciones que exhibían sus atributos con exceso y arrogancia y se convertían en blanco de la sátira local (Jiménez, 2020).

Durante esta época, aparte de asociarse a la demostración de riqueza o estatus, estaba ligado a un código que reflejaba la posición social. Este significado también se trasladó a otros ámbitos culturales como el flamenco o la tauromaquia, donde el tronío de un torero no solo alababa su destreza, sino su capacidad para proyectar un aire de superioridad y elegancia. Como señala Carlos Reyles, el término implica «La palabra tronío suena triunfalmente en el oído del pueblo andaluz. Es así como una de las diez categorías aristotélicas de su entendimiento, una ecuación de su voluntad, un summum de su deseo. Sintetiza el poder, la majeza y el rumbo. Tiene la sugestión y el imperio de la N napoleónica, rayo con las alas plegadas» (1966: 9). La asociación realizada por Reyles con las categorías de Aristóteles y con la iconografía napoleónica evidencia la asociación entre el lenguaje popular y conceptos universales de poder, grandeza y distinción. Con el tiempo, este vocablo perdió su protagonismo, pasando a ser poco conocido a nivel popular, quedando reducido a un ámbito más selecto, convirtiéndose, de esta forma, en una paradoja de cómo la ostentación acaba convirtiéndose en símbolo de decadencia, puesto que también la grandeza o la percepción de la misma puede volverse en contra del portador si se presenta como una fachada sin sustancia.

En definitiva, *tronío* refleja un proceso cultural complejo donde la ostentación se equilibra entre la admiración y la crítica. Su trayectoria, desde la representación de esplendor y dignidad hasta su potencial interpretación como signo de superficialidad o declive, lo convierte en un concepto dual de gran interés para estudios sobre la identidad, el poder y la percepción social de la autoridad. Esta evolución muestra que la verdadera majestuosidad no solo radica en la apariencia externa, sino en un equilibrio con la autenticidad y el contenido.

2. IMPACTO EN ESCRITOS

El término *tronío* ha tenido un impacto significativo en la riqueza cultural de Andalucía y su particular idiosincrasia. Anselmo González Climent, en su libro *Andalucía en los toros, el cante y la danza,* lo categoriza como indicativo de la plenitud flamenca. Además, autores como Joaquín Dicenta, en su obra *Spoliarium,* de 1888, lo incorpora para referirse a las gitanas con el fin de reflejar la fuerza y el carácter de estos personajes. El uso de esta palabra en la literatura enfatiza la capacidad del lenguaje en la creación de una atmósfera repleta de singularidad en lo que respecta a aspectos inherentes al folclore y su correspondiente identidad cultural de la región. En el flamenco, donde se combina música, cante y declamación, *tronío* acentúa el carácter de personajes y escenarios que celebraban la vida cotidiana en Andalucía. La palabra sirve tanto para realzar la imagen de poderío de ciertos personajes como eventos llenos de pompa, subrayando la importancia de la apariencia y el honor en la estructura social de la época. Es por ello por lo que actúa como elemento en la construcción de un imaginario colectivo que glorifica lo imponente y lo magnífico, reforzando así los valores culturales de Sevilla y su entorno. El término también desempeñó un papel importante en los textos costumbristas, que buscaban retratar las tradiciones y la cotidianidad de la sociedad española. En estas obras, servía para caracterizar a personajes que, aunque no necesariamente poseían poder real, trataban de afirmarse socialmente a través de la exhibición de un porte señorial o, en ocasiones, incluso chabacano. Esta representación contribuyó a la creación de un arquetipo literario en el que la apariencia y el reconocimiento público eran elementos centrales para definir el estatus y el prestigio que ha persistido en la narrativa como una herramienta que ayuda a plasmar las relaciones de poder y la percepción de la majestuosidad en el plano literario.

Un ejemplo de ello lo ofrece Pío Baroja, que lo materializa en la Aceitunera en su obra *La feria de los discretos* (1905), ambientada en 1868, en un período caracterizado por la exaltación de las emociones y la idealización del individuo con el fin de simbolizar la lucha entre las aspiraciones personales de distinción y la realidad social. Este vocablo ayudaba a configurar un discurso que celebraba al individuo como portador de un aura de elegancia y superioridad, contrastando con un entorno social en transformación, donde la modernidad y la tradición coexistían (Real Academia Española, 2023).

Así lo muestra también la obra de Antonio de Hoyos y Vinent de 1909, titulada *La torería,* donde aplica el vocablo, que posee el matiz de prestigio: «algún pianista de los de mayor tronío» (227). No obstante, su impacto más allá de las fronteras de España ha sido limitado. A diferencia de otros términos sevillanos como flamenco o tapa, que han adquirido proyección internacional gracias a la difusión de la cultura española, *tronío* se ha mantenido como un término de uso predominantemente local o regional. Esto se debe, en parte, a que su significado está vinculado a contextos históricos y sociales específicos, lo que ha restringido su adopción fuera de Andalucía y del ámbito hispanohablante.

Por lo tanto, simboliza un reflejo de las dinámicas de poder y prestigio en la literatura y la cultura española. Su uso destaca tanto la admiración por la grandeza como la crítica a la superficialidad de la ostentación vacía. A través de su representación en la narrativa, encapsula la tensión entre la majestuosidad y el riesgo de que esta

Figura 2. El *tronío* de las flamencas. Caro Rodríguez, I. (2024).
[Imagen generada por IA con intervención humana]. DALL-E 2.
Cada giro y cada zapateo cuenta una historia ligada a tronío en lo que
respecta a la expresión de la alegría y su conexión con la cultura andaluza

se convierta en un mero espectáculo sin autenticidad, una idea que
ha persistido en estudios contemporáneos sobre la percepción del
poder y la identidad cultural.

La palabra, aunque poco conocida en la actualidad, está enraizada
en la idiosincrasia sevillana, evocando un sentido de majestuosidad
que contrasta notablemente con su significado contemporáneo, el
cual ha sido notablemente reducido y ha perdido gran parte de su
connotación original al estar asociado a la tauroflamencología.

Durante su apogeo en el siglo XIX, aludía a un ruido atronador que
simbolizaba el bullicio festivo que caracterizaba las celebraciones,

la grandiosidad y esplendor que definían a la ciudad en aquellos tiempos de esplendor cultural junto con la aplicación a personas que ostentaban el poder o cuya apariencia sugería empoderamiento. Esta mezcla de significados evocaba imágenes en las que la música, el poder y la algarabía se entrelazaban para crear un ambiente de júbilo y majestad (González, 1955). En este contexto, representaba el bullicio de la multitud, a la vez que representaba a la vibrante vida cultural sevillana, impregnada de su herencia flamenca y su rica tradición histórica. Es por ello por lo que se utilizaba con frecuencia en las fiestas populares, ferias y eventos que marcaban el ritmo de la vida social en la ciudad de Sevilla, constituyendo un legado que, aunque todavía persiste parcialmente en la memoria colectiva, ha evolucionado y se ha transformado significativamente a lo largo del tiempo.

3.   CAMBIOS SOCIALES Y CULTURALES

No obstante, a medida que Sevilla, al igual que el resto del territorio español, ha experimentado cambios sociales y culturales profundos, el uso de *tronío* ha disminuido notablemente. Francisco Moreno afirmaba en su obra *La lengua española en su geografía* que «El español es una lengua milenaria y por lo tanto ha experimentado muchas vicisitudes a lo largo del tiempo, en circunstancias políticas muy diversas y en entornos comunicativos muy dispares» (Moreno, 2014: 23).

La industrialización, la urbanización y los procesos de modernización han reconfigurado la identidad de la ciudad y todo ello ha repercutido en el lenguaje debido a que la globalización tiende a contextos de homogenización cultural que han ensombrecido algunas manifestaciones características de ciertas épocas. Este declive refleja una tendencia más amplia en la lengua y la cultura contemporáneas, donde palabras que anteriormente eran vitales para describir la vida cotidiana se ven relegadas al olvido y la obsolescencia.

Siguiendo la perspectiva bakhtiniana, aunque las palabras tienen vida propia sin necesidad de ser enunciadas, necesitan de las «palabras del otro» (1993: 217) en una interacción continua para que acaben cobrando vida, de ahí que la supervivencia de una palabra dependa de su difusión. Sin embargo, es importante señalar que este fenómeno de declive lingüístico no es exclusivo de Sevilla, ya que las lenguas no experimentan procesos autopoiéticos al estar inmersas en procesos dialógicos. De hecho, muchas ciudades del mundo se enfrentan a un proceso similar, donde el lenguaje evoluciona y se adapta a nuevas realidades socioculturales.

Figura 3. Tronío silente: el eco de un trono vacío. Caro Rodríguez, I. (2024).
Imagen generada por IA con intervención humana]. DALL-E 2.
Evoca la nostalgia de un pasado glorioso, donde el tronío, que una vez resonó
con fuerza y autoridad, ahora se ha convertido en un susurro distante

En el caso específico de *tronío,* esta evolución conlleva una pérdida de la majestuosidad que caracterizaba la vida festiva de antaño, el ruido y el poder de individuos concretos, marcando así una transformación significativa en la cultura local y su expresión lingüística. Su pérdida refleja la mutación del lenguaje, acompañada de una desarticulación en la continuidad de las tradiciones culturales que una vez impregnaron el tejido social de Sevilla.

Este declive en lo que respecta a ser una palabra prácticamente desconocida suscita una reflexión más amplia sobre cómo los cambios en la sociedad también transforman el lenguaje. La transformación de Sevilla, tanto en su paisaje urbano como en sus prácticas culturales, invita a considerar la necesidad de preservar y revitalizar la lengua y las tradiciones que contribuyen a la construcción de una identidad cultural robusta y significativa.

Así, el estudio de palabras que han perdido su protagonismo constituye un microcosmos que permite explorar las complejas interacciones entre lenguaje, cultura e identidad en un mundo en constante cambio, resaltando la importancia de no olvidar los legados del pasado mientras se avanza hacia el futuro. Pese a estas circunstancias, este término podría recuperar su majestuosidad si se presentara a modo de neologismo, tomando la perspectiva de Chaves Nogales, que consideraba a los neologismos como «células vivas del idioma» (Garmendia, 2020: 84), ya que observaba que, aunque inicialmente surgen de manera incierta, si se acaba utilizando constantemente de forma hablada y escrita, se consolidan como elementos de vigencia lingüística plena sin convertirse en entelequias.

4.   LEGADO Y REVITALIZACIÓN CULTURAL

A pesar de la escasa popularidad del uso del término tronío en la actualidad, su legado cultural sigue manifestándose con notable vigencia aplicada a las tradiciones y celebraciones de Sevilla, reflejando una profunda conexión con la identidad cultural de la ciudad. Las ferias, las fiestas patronales y otros eventos culturales continúan siendo momentos de esplendor que evocan la grandeza de épocas pasadas, donde el eco de la palabra resuena en la memoria colectiva de los sevillanos.

Estas festividades, cargadas de simbolismo y significados profundos, no solo sirven como un recordatorio de las raíces culturales de Sevilla, sino que también manifiestan una intención de buscar sus raíces para preservar su esencia en el recuerdo de la majestuosidad inherente a tronío, pese a que la sociedad sevillana se haya transformado a lo largo del tiempo. La música flamenca, el baile y el toreo se erigen como componentes fundamentales que perpetúan esta cultura festiva, funcionando como vehículos que transportan las tradiciones de una generación a otra.

Estas expresiones artísticas, que constituyen un hilo conductor a través del tiempo, mantienen vivo el legado de tronío al integrar su resonancia en las dinámicas de la vida cotidiana y en los eventos que marcan el ritmo de la comunidad. Por lo tanto, la importancia de la música y la danza en estas festividades no solo reside en su valor estético, que es indiscutible, sino también en su capacidad para evocar sentimientos de identidad y pertenencia.

Así, se crea un vínculo emocional entre los asistentes y el esplendor de las celebraciones definidas por *tronío,* recordándoles la conexión que tiene el pasado y su papel en la continuidad de estas tradiciones, como refleja el artículo de Germán García Tomás publicado en el año 2021, titulado *Duende y Tronío.* En los últimos años, han surgido esfuerzos significativos por parte de instituciones culturales y académicas para revitalizar la lengua y la cultura locales, reconociendo la importancia de preservar términos como tronío en el contexto actual y que están ligados a la tauroflamencología, como lo demuestra un espectáculo celebrado en 2013, que recibe el nombre de Tronío, donde se combinaba el flamenco y la tauromaquia. Estos proyectos, que fomentan el uso del lenguaje tradicional y la inclusión de vocabulario local en contextos contemporáneos, son imprescindibles para salvaguardar la identidad cultural sevillana, proporcionando a las nuevas generaciones las herramientas necesarias para conectar con su rica herencia. Estos esfuerzos no se limitan únicamente a la conservación del lenguaje; también se extienden a la promoción de la cultura local en diversos ámbitos, incluyendo la educación, las artes y el turismo, contribuyendo así a un enfoque integral en la preservación y revitalización de la cultura sevillana. Un ejemplo de ello se puede apreciar en TikTok con *Arte y Tronío con Castañuelas y Saeta en Semana Santa 2024,* en el que se fusiona el flamenco con marchas profesionales.

Asimismo, la reintegración de *tronío* en la actualidad puede desempeñar un papel crucial en su revitalización, recontextualizando el término y dándole nueva vida dentro de un marco moderno. Si se incorpora en narrativas y obras artísticas actuales, se abriría un espacio propicio para la reflexión sobre su significado original, al mismo tiempo que se facilitaría un diálogo entre el pasado y el presente. Este proceso no solo ayuda a reafirmar la relevancia del término en la actualidad, sino que también permite reinterpretar su esencia, proporcionando una nueva perspectiva sobre la identidad cultural sevillana. Por tanto, esta revitalización no solo contribuye a la preservación del patrimonio lingüístico, sino que también refuerza la identidad cultural de Sevilla, recordando a sus habitantes la riqueza de su historia y la necesidad de mantener vivas sus tradiciones en un mundo en constante cambio. La evolución cultural de esta ciudad está marcada por su capacidad para adaptarse a nuevos contextos, ofrece un marco fértil para que este término se revalorice y se reintegre en la vida cotidiana de la ciudad. Así, se genera un camino hacia

Figura 4. Tronío flamenco: la pasión de Sevilla en movimiento. Caro Rodríguez, I. (2024). [Imagen generada por IA con intervención humana]. DALL-E 2. Refleja cómo tronío, aunque haya perdido parte de su poder, sigue presente en el flamenco contemporáneo siendo Sevilla el corazón del flamenco

un futuro donde la historia y la tradición se recuerdan y se celebran de manera activa, promoviendo un sentido de pertenencia y orgullo cultural en las nuevas generaciones de sevillanos.

De este modo, la preservación y el robustecimiento de tronío podrían interpretarse como un acto de resistencia cultural que busca salvaguardar el patrimonio lingüístico con la finalidad de fortalecer el tejido social de Sevilla y celebrar su rica herencia cultural en un mundo globalizado que, a menudo, tiende a homogeneizar y desdibujar las identidades locales.

Conclusión

La palabra *tronío* se erige como un símbolo significativo de la riqueza cultural de Sevilla, representando un tiempo de esplendor y celebración, convirtiéndose en una manifestación emblemática de la identidad única que caracteriza a esta ciudad. Su ensombrecimiento en el uso cotidiano va más allá de lo meramente lingüístico, es un reflejo de los profundos cambios sociales y culturales que han tenido lugar en la identidad y la vida social de Sevilla a lo largo de los años.

Este fenómeno constituye una invitación a la reflexión crítica sobre la evolución cultural de la metrópoli andaluza y su adaptación a las nuevas realidades contemporáneas. A su vez, este mismo declive también ofrece una valiosa oportunidad para la revitalización cultural, a modo de catalizador que puede impulsar a la comunidad a reexaminar y revitalizar sus tradiciones y prácticas culturales.

La majestuosidad de este término no reside únicamente en su significado original, repleto de imágenes de bulliciosas celebraciones y festividades vibrantes, sino también en su capacidad para despertar recuerdos nostálgicos de un pasado en el que la vida social de Sevilla estaba marcada por un espíritu de alegría. Este término, por tanto, actúa como un puente entre las generaciones, conectando a los todos los sevillanos con una herencia cultural que, aunque ha sido parcialmente olvidada, sigue siendo relevante en el contexto contemporáneo. Además, la connotación de *tronío* se enriquece al considerarlo dentro del marco de las manifestaciones culturales que han definido a Sevilla, como la música flamenca, las ferias locales y las fiestas populares, todos ellos contextos en los que el término adquirió un significado profundo y resonante.

El potencial de este término para ser recreado en el futuro es igualmente significativo; su revitalización podría conducir a la creación de nuevas formas de expresión cultural que honren su legado, al tiempo que se adaptan a las realidades del presente.

La integración de este término en el discurso contemporáneo de manera más amplia podría fomentar un diálogo entre el pasado y el presente, promoviendo una comprensión más rica de la identidad cultural sevillana y su evolución. Así, se podría observar una revalorización de los elementos culturales que han definido a la ciudad a lo largo de su historia, abriendo caminos hacia la innovación en la forma en que se celebran y se perciben las tradiciones. El legado de tronío resuena en la actualidad dentro del contexto de la tauroflamencología, apelando a resurgir plenamente en la memoria colectiva de Sevilla, invitando a las nuevas generaciones a explorar y redescubrir la riqueza de su herencia cultural, lo cual implicaría un retorno a las raíces, a la vez que se produciría una exploración activa de la forma en que esas raíces pueden ser reinterpretadas y reconfiguradas en el contexto contemporáneo.

Esta revitalización se convertiría en una herramienta poderosa para la educación cultural, promoviendo un sentido de identidad que resuene con la juventud y fomente el orgullo por su herencia. Más aún, en un mundo donde la globalización a menudo diluye las identidades locales, esta palabra actuaría como un símbolo de resistencia cultural, recordando a los sevillanos la importancia de mantener vivas sus tradiciones y la riqueza de su historia.

Finalmente, el resurgimiento de este término no solo enriquecería el vocabulario y la expresión cultural de Sevilla, sino que también serviría como recordatorio del valor intrínseco de la historia y la cultura local en la construcción de la sociedad española, que se inserta en un mundo en constante evolución. La búsqueda de un equilibrio entre la modernidad y la tradición es un desafío que enfrentan muchas ciudades hoy en día y *tronío* puede desempeñar un papel crucial en esta dinámica, simbolizando la interconexión entre el pasado y el futuro, alentando a los sevillanos a abrazar su herencia cultural como una fuente de inspiración y fortaleza en la construcción de su identidad colectiva. Así, se abriría un camino hacia una Sevilla que recuerde su esplendor pasado, mientras se proyecta hacia un futuro donde la riqueza de su cultura sigue floreciendo, transformándose en un contexto globalizado y diverso.

Bibliografía

BAKHTIN, Mikhail (1993): «¿Qué es el lenguaje?», en Adriana Silvestri y Guillermo Blanck, *Bajtin y Vigotski: La organización semiótica de la conciencia*. Anthropos.

BAROJA, Pío (2013): *La feria de los discretos*. Alianza editorial.

BERLANGA FERNÁNDEZ, Miguel Ángel (2000): *Bailes de candil andaluces y fiestas de verdiales: Otra visión de los fandangos*. CEDMA.

DE HOYOS Y VINENT, Antonio (2003): «La torería», en Alicante: Biblioteca Virtual Miguel de Cervantes. Edición digital basada en *Oro, seda, sangre y sol (las novelas del toreo)*. Madrid-Buenos Aires: Renacimiento, 211-290. Recuperado de https://www.cervantesvirtual.com/

DICENTA, Joaquín (2010): *Spoliarium*. Nabu Press.

GARCÍA TOMÁS, Germán (2021): *Duende y tronío*. Mundo Clásico. https://www.mundoclasico.com/articulo/35875/Duende-y-tron%C3%ADo

GARMENDIA, Ignacio (ed.) (2020): *Manuel Chaves Nogales. Obra completa (1915-1944)*. Libros del Asteroide.

GONZÁLEZ CLIMENT, Anselmo (1953): *Andalucía en los toros, el cante y la danza*. Alcaná Libros.

GONZÁLEZ CLIMENT, Anselmo (1955): *Flamencología (toros, cante y baile)*. Alcaná Libros.

JIMÉNEZ MORALES, M.ª Isabel (2020): «"Spoliarium" (1888), de Joaquín Dicenta: Germen literario de su obra posterior», en Alicante: Biblioteca Virtual Miguel de Cervantes. Edición digital basada en *Anales de Literatura Española,* (33), 103-124. Recuperado de https://www.cervantesvirtual.com/

MORENO FERNÁNDEZ, Francisco (2014): *La lengua española en su geografía (5.ª ed. actualizada y corregida): Manual de dialectología hispánica*. Arco Libros - La Muralla.

PUIG CLARAMUNT, Alfonso y ALBAICÍN, Flora (1977): *El arte del baile flamenco*. Barcelona: Ediciones Polígrafa.

REAL ACADEMIA ESPAÑOLA (2023): *Diccionario de la lengua española* (23.ª ed.). https://dle.rae.es/tron%C3%ADo

REYLES, Carlos (1966): *El embrujo de Sevilla*. Austral.

VERO_Florr (2024): *Arte y tronío con castañuelas y saeta en Semana Santa 2024* [Vídeo]. TikTok. Recuperado de https://www.tiktok.com/@vero_florr/video/7352209031831850272

VILLAR GAVIRA, Álvaro (2019): *Lexicón de León de Greiff*. Universidad Central.

Grafiteros sevillanos y comunicación digital

ROBERTO CUADROS MUÑOZ
Universidad de Sevilla

1. INTRODUCCIÓN

No es el propósito de este trabajo discutir los problemas externos –aunque no por ello poco importantes– que conciernen al grafiti (las políticas municipales, el derecho o no a la apropiación del espacio público, su regulación legal, su carácter o no vandálico, qué es grafiti y qué no es –¿las pintadas o los murales entrarían en la categoría? Nosotros sí los hemos considerado, en tanto que manifestaciones del denominado arte callejero, traducción del inglés *street art*–), sino más bien dar a conocer la actividad de los grafiteros sevillanos y su concepción interdisciplinar del grafiti, que alberga particularidades lingüísticas (pronunciación y/o léxico sevillanos y/o andaluces) pero también signos no lingüísticos, así como la proyección digital que ejercen sobre sus obras. Sevilla es una ciudad con gran tradición grafitera: uno de sus máximos exponentes fue, en sus inicios, Logan –véase Maticadmin (2020)– o Seleka Muñoz, que ha pasado «de pintar en la calle» a regentar su propia galería de arte y exponer en ella –*cf.* Von Touceda (2021)–. Grafiteros que pueden ser de Sevilla, que trabajan en la ciudad y/o en el extranjero, aquellos que han visitado la ciudad y han dejado su huella... De hecho, es asombrosa la movilidad de los grafiteros sevillanos, ya que exporta artistas a todo el mundo. Por ejemplo, Fafa (@rafaelmarquezceldran) vive en Suiza;

Zësar Bahamonte (@zesarbahamonte) es reconocido internacionalmente por sus trabajos no solo en Sevilla, sino también en Barcelona, Lisboa, París, Ámsterdam, Jerusalén, São Paulo, Ciudad de México, Buenos Aires o Bogotá –véase La Causa. Galería de Arte (s.f.)–. Las implicaciones comunicativas son diversas. Para Ana Langeheldt, reconocida artista en el panorama sevillano y también internacional:

> Crear por necesidad, como acto compulsivo. Crear de la manera más soberbia, con egoísmo, como echando en cara, escupiendo, golpeando. Crear con miedo, con vergüenza, con dolor. Un dolor que se convierte en un tipo de angustia, un algo que debe salir antes de descomponerse, perderse, esfumarse.
>
> Con la energía de mil supernovas debe salir a la creación, como pájaros en bandada que vuelan rápido, nubes que pasan y no paran, truenos, lluvias, olas. Nada premeditado, sin relojes, sin discurso previo. A arañazos, empujando, que duela.
>
> Y después… después la calma. Esa es la creación que yo entiendo, y no otra (Grijota, 2024).

La visión interdisciplinar es inevitable: lingüística (combinación de lenguas, humor, ironía, tipologías temáticas, figuras retóricas), literatura, la semiótica, las bellas artes, antropología, sociología –*cf.* Cuadros Muñoz (2024)–. Hay que advertir que hablamos de tendencias, es difícil encontrar un solo enfoque. El grafiti juega un papel decisivo en la configuración del paisaje (extra)lingüístico de las ciudades. Respecto a la importancia que pueda tener el texto para los grafiteros, Manuel Flores, recopilador de arte urbano en Instagram (@pasillosdelarteurbano), sostiene que él mismo no le concede demasiada importancia al mensaje en el grafiti actual:

> Para los mensajes lingüísticos hubo un tiempo muy distinto al de ahora, que era el tiempo de la dictadura. Entonces, uno se fijaba en los mensajes y coincidía con ellos o no coincidía. Ahora mismo no hay ese tipo de lenguaje, no tiene esa potencia y realmente el mensaje lingüístico o te para y te coge un día con tiempo y ganas para leer lo que se escribe en el paseo del Guadalquivir o te pasa desapercibido.
>
> Por otro lado, hay otro tipo de mensajes, que no aportan mayor riqueza, Por ejemplo, saber si «eres pequeño» o «eres grande» o si Yuri va a un *party* o no va a un *party* no tiene mayor significado. No quiero decir que no lo vea, lo veo. Si estás trabajando en el ámbito de ver los impactos grafiteros no te va a

pasar desapercibido pero en realidad no tiene ni mayor atractivo ni mayor incidencia. Yo, de hecho, no suelo promocionar ese tipo de historias. Cuando pienso en la función de documentación social que yo ejerzo en algún momento, doy fe de que eso está ahí. Y cuelgo alguna foto en las redes o algún contenido porque forma parte de los espacios urbanos de Sevilla.

Pero ni lo apoyo ni me despierta mayor interés este tipo de mensajes, ¿no? Además de que son muy... tienden a ser bastante invasivos (Comunicación personal).

Por su parte, el artista Pablo Almeida García, que alude a cierta confusión conceptual, le resta también importancia al texto:

Hay mucha confusión ahora mismo cuando la gente dice arte urbano, arte grafiti o grafiti mural o no sé, hay como diez mil millones de maneras de llamarlo, ¿sabes? Pero básicamente es como arte en la calle. Yo lo que digo es que es arte en la calle. De hecho, a mí no me gusta mucho lo de arte urbano, ni *street art* ni nada de eso. Yo me considero artista callejero. Es en la denominación en la que más cómodo estoy. Porque, como al final tenemos que utilizar palabras para comunicarnos y que las cosas queden claras, yo no me siento cómodo ni llamándome grafitero porque no es lo que hago. No hago grafiti como puramente el grafiti es, que es tu nombre muchas veces, siempre repetido. Eso es lo que te iba a preguntar también previamente, qué entiendes por grafiti, claro, porque la gente... La gente de a pie ve grafiti en todos lados. Yo prescindo del texto porque mi imagen es demasiado descriptiva. Como mis imágenes son tan duras o tan descriptivas ya de por sí, si introduzco o meto un texto, creo que pierden fuerza. Pero es verdad que a veces también he incluido textos (Comunicación personal).

Y Pablo Navarro Morcillo, especialista en grafiti y arte urbano, matiza:

Si quieres entender la pieza como letras, hay un texto que es la firma de esa persona o una palabra que le represente, pero es como una evolución de las firmas con mucho estilo, que el escritor de grafiti ha venido desarrollando a través de bocetos y demás, con colores y que va agrandando, porque al final lo que prima en el grafiti es aparecer mucho, aparecer con buena calidad y tener un estilo marcado, que no sea propio. Entonces sí se le da una relevancia al texto, en realidad no al texto, sino a las letras. Luego hay algunos escritores que se han especializado en hacer caracteres o muñecos, que se les llamaba antes, pero para ellos es importante sobre todo el estilo con el que representan esas letras en las piezas (ellos, también hay que aclararlo, no les llaman texto, sino pieza) (Comunicación personal).

De cualquier forma, signos verbales y no verbales comunican, rompen fronteras entre letra y dibujo *(lettering),* abunda el caligrafiti (modo de hacer letras al estilo medieval), interesante para aquellos interesados en la epigrafía y técnicas de escritura –véase Di Consiglio (2013)–; su carácter, en ocasiones invasivo, que abarrota el espacio, en el caso de las simples firmas o tags (debidos a la necesidad de representar, de dejar constancia de la presencia en el espacio público, cuya lectura, como ocurre en el *lettering,* a menudo es indescifrable, y realizados de forma rudimentaria, a una sola tinta o con una simple tiza) revela la importancia de su presencia en el espacio público, pero también, al contrario, las pintadas son anónimas, tal vez no solo por cuestiones de privacidad o protección de «la secreta» (la policía, en la jerga grafitera), sino porque quieren convertirse en verdades generales o universales. También es interesante mencionar la concepción de la lectura. Las producciones pueden pasar desapercibidas para el ciudadano, al tratarse de una lectura pasajera o en tránsito. También encontramos rivalidades entre grupos de grafiteros *(crews)*, que son considerados por las *old schools* («viejas escuelas») con la palabra *toy* («juguete») a los aficionados que no han alcanzado la categoría necesaria y respeto del grupo para ser considerados grafiteros –*cf.* González Rivas (2019)–. Asimismo, reflejan elementos culturales comunes al mundo del grafiti (la asunción de términos ingleses así lo muestra, con las raíces en el hiphop estadounidense) junto a peculiaridades de su lugar de residencia (aparte de gustos cinematográficos o musicales y, en su caso, producciones realizadas para eventos concretos como el Homenaje a Juilone y certámenes o concursos). Obviamente, no supone gran descubrimiento señalar que las lenguas más utilizadas son el español y el inglés (este último, por la estética hiphop estadounidense de la que bebe el grafiti y por incorporar términos como *lettering, throw-up,* el citado *toy, bombing, spot* [lugar destinado a hacer grafitis], *fatcap,* como el tipo de boquilla que se coloca en los aerosoles para pintar).

2. TEMÁTICAS Y TEXTUALIDADES

Las temáticas y textualidades son diversas. Así, los hay más preocupados por las imágenes (lo que se consideraría arte urbano más que propiamente grafiti) y anulan por completo el texto, como, por ejemplo, Pedro Almeida García (@pedroalmeidagarcia), Antonio Álvarez Gordillo (@antonio.alvarez.gordillo) y sus caras sobre mapas; Alexandra del Bene (@alexandradelbene), esta última, italiana afincada en Sevilla, que refleja motivos taurinos. Káiser Iglesias (@kaiseriglesias), «Perdido en el nudo que une árbol y madera», según reza su Instagram, también prescinde del texto en sus murales. El caso de @jonzioman, madrileño afincado en Sevilla, que se mantiene en el anonimato, es peculiar: sus pegatinas o estarcidos, que marcan rincones de la ciudad (el denominado posgrafiti), recuerdan a Banksy –cf. Ybarra (2022)–; @ana_langeheldt (✨LAHE178 ✌️), por su parte, se inclina por los murales, la ilustración y la pintura –véase Figura 1–:

Figura 1. @jonzioman @ana_langeheldt

Para esta autora, hay una narrativa detrás de estas imágenes, de vivencias personales o de recreación de hechos históricos, como el realizado con ocasión del 500 Aniversario de la Primera Vuelta al Mundo, sobre el que comentó:

Quise ilustrar esta hazaña como si ilustrase una historia de marineros y piratas, de aventuras, como si fuese un cuento. El entorno así me lo pedía, ya que es el campo donde entrenan y juegan los niños del barrio, que ya son mis colegas y me han agradecido con su corazón enorme de niño «lo bonito que le hemos dejado el campo» (García, 2018).

Sobre su iniciación en el grafiti:

Por el arte urbano comencé a interesarme en la década de los 90, siendo bastante joven también. Empezó a gustarme un tipo de música con una estética muy marcada, la cual siempre iba unida al graffiti. En mi ciudad, Sevilla, siempre hubo un gran número de artistas urbanos y era fácil encontrarte de camino a cualquier parte murales, y supe entonces que quería hacer «eso» también. Por casualidades de la vida, no fue hasta 2001 cuando empecé a pintar. Fue estudiando Bellas Artes, que coincidí con un buen amigo que ya pintaba desde hacía tiempo y me introdujo en la pintura urbana (García, *ibidem*).

En una línea similar, se encuadra la muralista @virginia_bersabe, como revela su participación en el Proyecto Lindes @lindes.encuentromural 📍📍 CEAM Miraflores, en mayo de 2023 (Figura 2):

Figura 2. @virginia_bersabe

En sus propias palabras, que escribió a propósito de su publicación en Instagram:

@lindes.encuentromural ha sido un proyecto increíble entre distintos creadores e investigadores sobre el CEAM de Miraflores en sus 360°. Un espacio único en Sevilla donde los huertos, la vegetación y los animales abundan alrededor de un museo, la asociación saharaui, un centro de hípica, entre otros.
En este proyecto, de 2 años largos e intensos de gestación junto a *@alberto montes* y *@sevillaesjoven,* nos hemos apoyado

entre los 6 artistas para crecer e investigar como grupo en un espacio mural de grandes dimensiones. Pablo Sendra en su libro Diseñar el desorden define la distinción entre frontera y linde: «En ecología, lindes son lugares donde los organismos se vuelven más interactivos debido a la conjunción de distintas especies o condiciones físicas. Un espacio donde los organismos se encuentran y alimentan entre ellos». Y llevando esta definición al urbanismo reflexiona: «La muralla porosa y al margen entendido como linde crean elementos físicos esenciales para una ciudad creando espacios que permiten la aparición de cosas, acciones y personas imprevistas, pero aun así enfocadas y ubicadas».

Y eso hicimos, fusionarnos entre nosotrxs y con el espacio a través de la pintura.

En favor de estas manifestaciones grafiteras, están este tipo de eventos. Además del mencionado LINDES - ENCUENTRO DE CREACIÓN MURAL Comunidad Proyecto de Creación Mural en Distrito Norte (Sevilla) 📅📅 Del 15-21 mayo 2023 📍📍 CEAM, encontramos el homenaje a Julione, *@nowetps* JULIO ❤️ ETERNO, exhibición de grafiti en homenaje a Julione Tapas *@julionetapas* (grafitero fallecido prematuramente de leucemia con solo 13 años), en Sevilla (la última edición tuvo lugar el 6 de abril de 2024); o el *@homenaje_bece* BECE'2024 XIII Edición - 9 de noviembre de 2024 /Gines-Sevilla.

En las Tres Mil Viviendas, *@axelvoid* realizó dos «piezas», de las que señaló en su perfil de Instagram (Figura 3):
En la primera de ellas, comentaba:

Esta pieza comenzó como un juego, una propuesta para que la gente de la zona decidiera qué iría en la pared. Tras recoger muchas ideas y varias conversaciones, las propuestas más concurridas fueron: un retrato de Camarón de la Isla o un retrato de todos los niños de la zona. Finalmente, se decidieron por esta última. Sin embargo, a la hora de hacer la foto, se sumaron espontáneamente algunas personas más, dando como resultado la imagen final de referencia.

Para mí, es un homenaje personal a ellos y a la belleza de un barrio popular, donde se apropian de su entorno y crean sus propias formas de organizarse. Con todas sus complejidades, hay una fuerte sensación de salud, alegría y vitalidad. Me sentí acogido y, en cierto modo, como en casa.

En el segundo mural, en el que tiene gran importancia el componente metafórico, en sus propias palabras, afirma: «Esta pieza toma como referencia los Jaramagos que crecen en las calles alrededor del mural. Como signo y metáfora de la resiliencia, la creatividad de la cultura de barrio y las interrelaciones humanas que esta genera».

Figura 3. @axelvoid

A menudo los artistas grafiteros son también tatuadores, lo que es otra forma de grafiti en la piel. Es el caso de @kane860 «Dos mil y pico y los coches no vuelan...». Ofrece escaso texto, en el sentido convencional (lingüístico), en los murales (Figura 4):

Figura 4. @kane860

O el de @bizcuidyd, también tatuador, quien practica el muralismo (por ejemplo, el dedicado a Lorca), sobre todo el caligrafiti, modo de desafiar o transgredir la tipografía tradicional con intención de atraer la atención del público («*Fuck* leucemia», en el Homenaje a Julione) y, además, utiliza también la ropa como soporte para expresar paisaje lingüístico grafitero ambulante y móvil («Macarena *State of Mind*»), como puede comprobarse en la segunda imagen de la Figura 5:

Figura 5. @bizcuidyd

Carecen de texto los siguientes ejemplos (Figuras 6 y 7): el primero corresponde al mencionado Zësar Bahamonte, el segundo, al muralista Ardeseo (Marcos Muñoz), por encargo de un servicio de lavandería; el tercero, corresponde a una intervención de @troncoso85, muralista y diseñador, en el parque Miraflores; el cuatro es autoría de @artkat0 (Fabian Bravo), artista y recopilador de grafitis, que trabaja a veces por encargo y otras veces en eventos. Por su parte, @patriciopinceles, que se califica como «pintaor», busca sus referentes en el flamenco y ha decorado los murales de la Plaza de la Concordia. También se queda solo con la imagen, como ya se comentó, Pedro Almeida García (@pedroalmeidagarcia). Por su parte, @elninodelaspinturas, SEX, prioriza la imagen sobre el texto, sin abandonar este último (en la Figura 7, «Somos parte de un camino con destino en cualquier lugar», en el caso de @elninodelaspinturas), pero sin predominar sobre aquella (lo habitual en las obras que aúnan texto e imagen), donde, frente a los libros con ilustraciones, cumplen la función inversa: acompañar a la imagen:

Figura 6. @zesarbahamonte @ardeseo @troncoso85

Figura 7. @artkat0 @patriciopinceles @pedroalmeidagarcia @elninodelaspinturas

Los hay grafiteros eclécticos con las temáticas: @konestiloart (Victor Konestilo) ofrece retratos-murales y encargos con referentes culturales diversos (las imágenes, correspondientes a *Harry Potter* y *El Corto Maltés*, son solo de Sevilla, pues en otras provincias elige referentes más locales, como artistas andaluces, aunque para los grafiteros, como estamos viendo, no existen ni las fronteras geográficas ni culturales, como se comprueba en la Figura 8):

Figura 8. @konestiloart

En cuanto a @_allrans_ (RANS), este artista representa motivos culturales relacionados con el cómic, lo audiovisual y la música hiphop: Joker, Popeye, Snoop Dogg (artista de hiphop), Catwoman, Harley Quinn o Indiana Jones (las dos primeras imágenes siguientes). Por su parte, @mariadie.art (María García-Diéguez), artista de StreetArt y Graffiti «💚💜Producto 100% Andaluz» y perteneciente a las crews LJDA, @brevasbravascrew y @wn1crewfemenino, pintó, en el barrio de las 3000 viviendas –véase Figura 9–:

Figura 9. @_allrans_   @mariadie.art

El propio RANS es asiduo al *lettering* (dibujar letras a mano con una perspectiva artística y críptica, por lo que el espectador de a pie tal vez no pueda saber pronunciarlas), lo mismo que en @41110bm (41.110BM STREET VANDAL | GRAFFITI | BM | INP | L.A. | ADS | KDA | 41110 BM | SEVILLA); @burla_flk_blublas, @kdns_eprods (KDNS), @fran.stn (Frank Stone), la crew o grupo de grafiteros @nadie_ruralboys, @bishosevillano (Bisho), @sarko939 (SarKo93 SRKSVQ), @sarkosvq (Sarko93SVQ SVQ/L.A), @sylsevilla (SYLSEVILLA), @mrdrili (Drili), @m_v_s_a_n (·MV$ΔN·), los grafitis recopilados por @writerssevilla («graffiti de verdad, *writers* de todas las calañas, para la peñita, fotos propias de la calle»), @Raphe.tpn.gb (Raphe, «Multidisciplinary

Artist: Graffiti, Muralist, Tattoo artist, Traveler»); @tiempOurbano (Tiempo Urbano), quien acomete «🎥🎥Exploraciones Urbanas👀» 🎵🎵Buscando el arte del #Graffiti🎨🎨 💁💁«Leyendo las calles»🎨🎨 ⌛«En busca de rincones olvidados de #Sevilla»⌛) o @tinto247 («Graffiti/social activism Sevilla 🇪🇪🇪🇪. Fucking since 1998.·HDP·NMCrew·El sindicato·»). Otras producciones menos elaboradas, los llamados *throw-up*, aparecen, por ejemplo, reunidos en @sevilla.graff («Graffitis de todas las partes de Sevilla. "Pa lo weno pa lo malo tututupá"») o en @lookatsevilla («Visto en Sevilla (...) Así se ven las calles de Sevilla hoy. #sevillatieneuncolorespecial») (Figuras 10, 11 y 12):

Figura 10. @drili @writerssevilla @sarkosvq

Figura 11. @raphe.tpn.gb @tiempOurbano

Figura 12. @sevilla.graff @lookatsevilla

En ocasiones, se trata de encargos, privados o más de tipo institucional, como centros educativos. Es el caso de @kaiartsevilla (Kaiart Sevilla, «🎨🖌✏✏Damos color»), @konestiloart (Victor

Konestilo, Graffiti-Street Art), @sbimbo (Sbimbo, ✏️ Ilustrador Infantil | Muralista Urbano ✨ Inspirando Creatividad 💟/💟 Colabora conmigo 🌐🌐 Explora mi universo), quien realizó el mural «Viva la Biodiversidad» para el colegio de Educación infantil Julio César; o del pintor @locodelcolor «Pinto todo lo que veo, como lo veo (...) Un puto LOCO»), como muestran los ejemplos de la Figura 13:

Figura 13. @sbimbo @locodelcolor

Los citados *tags,* a menudo invasivos y los mayores portadores de una estética feísta, paradójicamente, suelen respetarse en el espacio del que se apropian y pueden evocar significaciones implícitas que los diferencien de los demás compañeros (Risk, Soker, Haine, Tosky, Santo, Sad...). Así se muestra en la Figura 14:

Figura 14. Imágenes tomadas del corpus PLANEO
(http://paisajelinguistico.es/corpus.php)

3. Las pintadas

Son las pintadas las que se llevan la peor parte, por su carácter (aún más) efímero y su falta de prestigio dentro del grafiti (existe la opinión generalizada de que no se consideran ni siquiera grafiti y, por supuesto, tampoco arte). Eyla Letrán Ruiz y Ana Navarrete Avilés, que se definen como «antropólogas andaluzas amantes de las calles», afirman:

Las pintadas, en este contexto, representan esa propuesta disidente que se quiere suprimir. Estas se reconocen fácilmente porque son mensajes escritos de carácter político y cotidiano. El espray es el medio más utilizado por su rapidez y la huella que deja. Otras técnicas serían la plantilla o esténcil que también se realiza con espray y las pintadas con rotuladores que cada vez son más frecuentes porque ¿quién no lleva un rotulador en el bolso?

Los soportes más comunes son paredes, suelos y cualquier mobiliario urbano que se presta a ser tatuado. Los soportes patrimoniales son aquellas paredes de edificios o lugares simbólicos con un fuerte contenido político como iglesias, catedrales, monumentos. En estos casos el mensaje se interpreta con una *mijilla* de provocación y, curiosamente, son los primeros en ser controlados y limpiados. ¿Por qué molestan especialmente las pintadas en el soporte que representa el patrimonio cultural? ¿Qué influye más: la ubicación o el mensaje?

El soporte aviva el mensaje, el mensaje al contexto y el contexto a la persona. Es de esperar, por tanto, que las pintadas puedan ser vistas como un obstáculo para generar la ansiada marca ciudad. Esto es especialmente sangrante en Andalucía, donde atravesamos procesos de precarización de la vida en pos del monocultivo del turismo y donde nuestro patrimonio históricocultural es instrumentalizado en una perversa alianza: mercado turístico y apropiacionismo para la construcción de la idea de nación española (Letrán Ruiz y Navarrete Avilés, 2021: 18).

Las pintadas anónimas, situadas con frecuencia en lugares estratégicos de la ciudad para su mejor visibilidad (lo que conlleva el riesgo de su desaparición, debido a las políticas de limpieza municipales –cf. El Correo (2024)–, que afectan también al resto de tipologías de grafiti, como se señala en Rotaeche (2024), donde se señala el deterioro que está sufriendo el paseo Juan Carlos I, uno de los denominados, en el argot grafitero, *«hall of fame»* («paseo de la fama», galería al aire libre, 3 kilómetros comprendidos entre el parque del Alamillo y la estación de Plaza de Armas) del grafiti en Sevilla, junto con el Polígono de San Pablo, recopiladas por usuarios como @semenamoraelalma (Menamora, «La calle habla y a mi se me enamora el alma, se me enamora»), @unaantropologaenlascalles (Una antropóloga en las calles, «Hay cosas encerradas detrás de los muros que, si salieran de pronto a la calle y gritaran, llenarían el mundo – Federico García Lorca» –es reveladora, por cierto y como podemos ir comprobando, la descripción idiosincrásica que ofrecen los perfiles–), @accion_miarmetica (Acción miarmética, «Lo que cuentan las paredes (y otras superficies) de Sevilla» 🖍️🖌️✏️), @masqueflama («Femivegan. Y señora»), @leer_las_calles («¡A leer las calles!»), @prosacallejera (Prosa Callejera (Sevilla) (...) «Sans toi les émotions d'aujourd'hui ne sont que la peau morte des émotions d'autrefois».), @noesamarilloescoloralbero (Sevilla es coló albero, «Pinta la paré pa que la ciudá esté viva #FFAB60»), @sevillaescalle («✡SEVILLA ES CALLE✡ 🏙️ Más calle que una farola. ❓ Paredes, pintadas y adoquines. 👁️👁️ Reivindicando lo invisible ante el ojo apresurado»); @kepazakilla_ofizia (KE PAZA KILLA, «🖌️🖌️ Artistilla de ½ pelo 👌👌👌👌 Cuenta ofiziá 🦙🦙 Miarma Town 😎 Chulería Proyect»); @sevillaissaying («NO PINTAMOS LAS PAREDES, SÓLO HACEMOS FOTOS. Si las paredes hablaran...🎨🎨»), @pitosdeciudad (Pitos de ciudad), cuyo perfil se presenta como una «Colección de pitos anónimos dibujados por ahí. Acabarán en un libro de artista y/o de psicología. ¡Comparte tus descubrimientos!», o @pintarraheo (Pintarraheô, «✡ Êccribibiendo en Êttandâ Pal Andalûh (EPA) ✡»), son a menudo de marcado carácter reivindicativo. De modo general (a veces incluso se repite el mismo mensaje), recopilan mensajes de temática feminista, contra la violencia machista y el patriarcado, antitaurina y animalista, la escritura fonética andaluza, el estándar propuesto para el andaluz, antifascismo, animalismo, veganismo, contra la gentrificación y turistificación, a favor de la sororidad, reivindicación del arte, sevillanismo, sexuales, escatológicos, contra la policía, también reivindicaciones de artistas andaluces (Martirio) o bien críticas a otros (Rosalía), motivos costumbristas como la Feria de Abril, alusiones a barrios de Sevilla como la Macarena o Triana. Se encuentran poemas con rasgos de sabor andaluz, descripciones pintorescas, metáforas o juegos de palabras (en su caso, con alusión a rincones de Sevilla). También ofrecen humor (que puede llegar al sarcasmo) y escatología (Figuras 15, 16, 17 y 18):

Figura 15. @semenamoraelalma

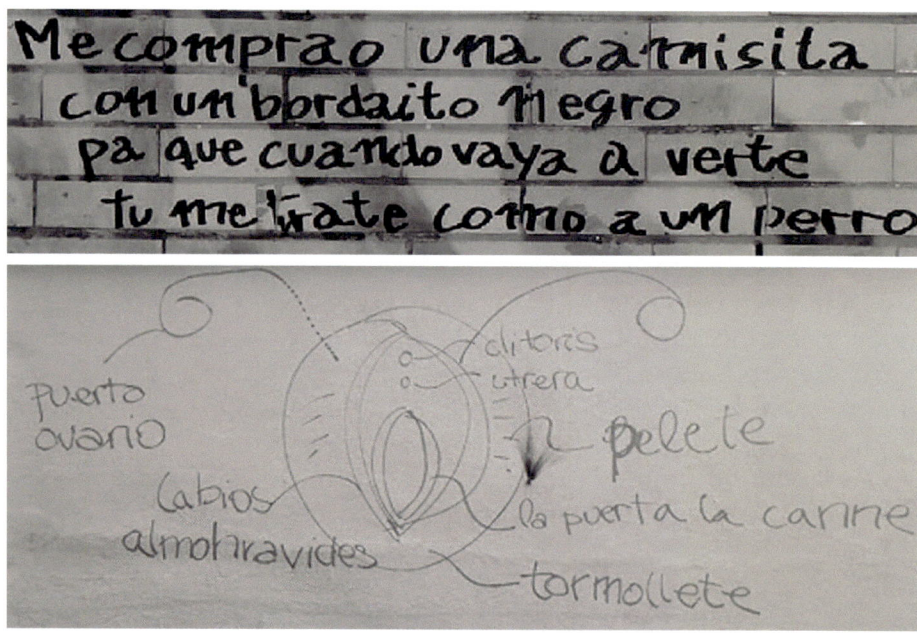

Figura 16. @semenamoraelma

Figura 17. @semenamoraelalma @unaantropologaenlascalles

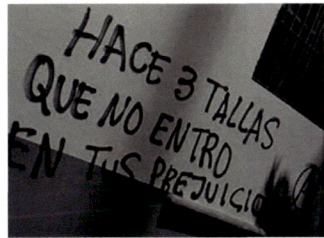  

Figura 18. @sevillaescalle @pitosdeciudad

Así como reivindicaciones, palabras andaluzas, juegos lingüísticos, esténciles o pegatinas –véase el que juega con la cara del pintor Diego de Silva y Velázquez en una señal de tráfico–, mensajes en forma de cuento, metáforas, reivindicaciones grafiteras, de sevillanía, políticas, o tags (Figuras 19, 20, 21, 22):

Figura 19. @sevillaescalle @kepazaquilla @sevillaescalle

Figura 20. @sevillaissaying @unaantropologaenlascalles @sevillaescalle

Figura 21. @sevillaescalle

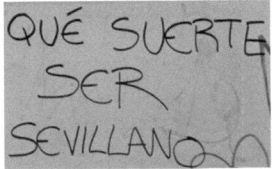 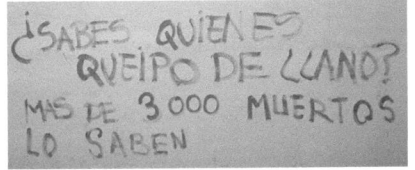 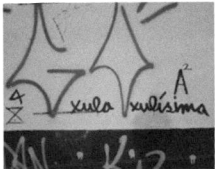

Figura 22. @sevillaescalle @masqueflama

En su caso, recogen también otros idiomas: además, claro está, del inglés (en su caso, reservado a mensajes más reivindicativos, de carácter sociopolítico), el francés, el italiano o el catalán, para fines más expresivos (Figura 23):

Figura 23. @sevillaissaying @semenamoraelma (las cuatro últimas imágenes)

Son interesantes los guiños lingüísticos, que remedan o intentan remedar la pronunciación andaluza y ocasionalmente recogen motivos sevillanos (o andaluces), que recoge, sobre todo, @semenamoraelalma, de modo, que, por ejemplo, localizamos: «Sabes ke te digo? Que me trinkes el jigo!», «se vai a morí =», «tímagina?», «de tó se sale», «quillo!», «sarzamora», «yo na má que quiero tomate aliñao», «la gente sta xalá la cabeza», «jartito me tenei», «vaya peresa de vida-anímate hermanx», «k kiere illo», «fatiga tengo», «Poné tapita vegana en lóh baresito Der Puma ar favó», «arle caso a tu mare», «la xulería no se compra», «Sevilla se nos va como yo al fumá», «Ya wele a Feria», «Escribí en paere es mi terapia ♥», «sus muerto!», «pusherito y salmorejo ponen felí al andalú viejo ♥», «Bizco vuerbe xfa!» (en este último caso, se refiere a un bar típico de Sevilla, ya inexistente).

4.   Narrativa del grafiti. Diálogo y contestación

Los propios autores, en sus producciones, pueden simular diálogos y aportar comentarios que añadan información adicional al mensaje (Figura 24):

Figura 24. @vwerckmeister

«En la semana del 8 de marzo reclamamos un cambio real, radical, que pasemos del #metoo a que nuestras hijas digan #notme. Porque ya basta! #sevilla #werckmeister #8demarzo #streetart #urbanart #8murales8artistas #generaciones #wo-manp ower #womensday #womensday2019 #diadelamujer» (@vwerckmeister)

Los usuarios reaccionan a los mensajes, contestando a ellos, es-tando de acuerdo o mostrando su discrepancia, incluso, llegado el caso, tachándolos y llegando al insulto; en definitiva, nos permiten el término, a auténticas «guerras en la pared» (Figuras 25 y 26). A veces se trata de simples mensajes superpuestos, que saturan la superficie sobre la que se escriben (Figura 27):

Figura 25. @semenamoraelalma

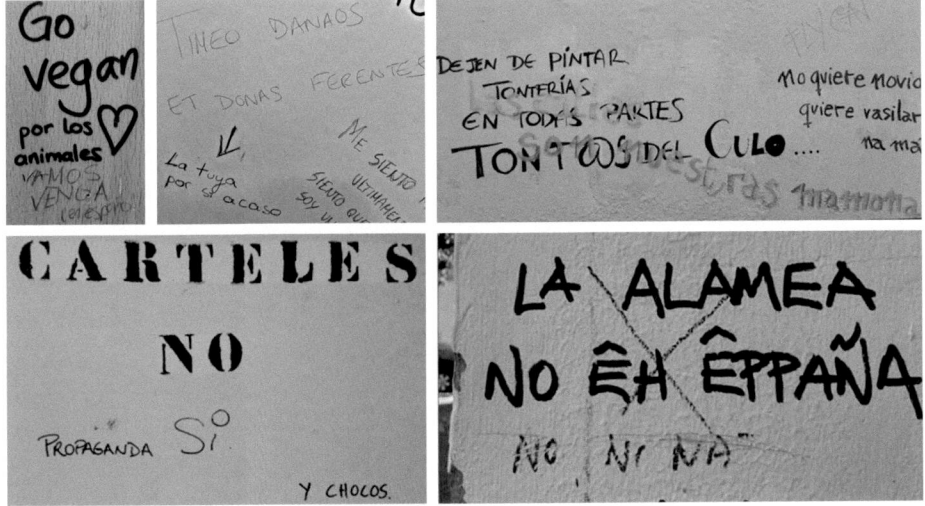

Figura 26. @semenamoraelalma

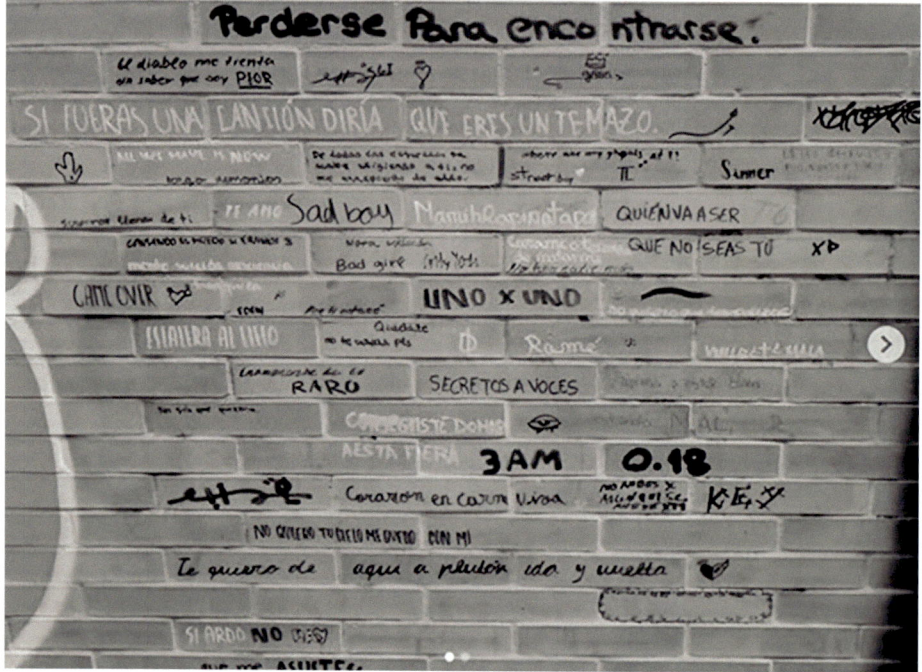

Figura 27. @semenamoraelalma

5. CONSIDERACIONES FINALES: LA PROYECCIÓN DIGITAL

Dejando aparte que *apps* como Kingspray (simulador de grafiti en realidad virtual, para lo que se necesitan unas gafas especiales) y que exhibiciones de grafiti en realidad aumentada fusionen, incluso desafiándolo, al tradicional arte callejero del espacio físico –*cf.* Brita (2020)–, tal como señala Glaser (2015), el *street art* ha encontrado ahora un muy destacado e imprescindible espacio de exhibición y discusión en internet. Ha sustituido a los antiguos fanzines y webzines. En efecto, el arte urbano está incorporando herramientas digitales y redes sociales para evaluar tanto el impacto como la recepción de las obras y, por consiguiente, contribuir a preservar la memoria de un arte intrínsecamente efímero –*cf.* Luque Rodrigo *et al.* (2021)–. El proceso de recepción, en efecto, ha cambiado, pues los usuarios pueden opinar en redes sobre las producciones, lo que fomenta el diálogo social y la intervención de la comunidad –*cf.* Kucukali (2023)–, pudiéndose dar la circunstancia de tener problemas con la censura –este aspecto tampoco excluye, claro está, cierto hermetismo en determinados casos que eviten la exposición al mundo virtual–. Permiten, ventajosamente, captar o recuperar la temporalidad o carácter efímero de los grafitis (deteriorados, tachados, borrados, sustituidos) y ayudan a elaborar su historia, aún demasiado reciente y fragmentada. Además, en estos portales se ofrecen vínculos a otras webs y redes. Zahar y Roberge (2016) comentan, en este sentido, ejemplificando con casos de arte callejero en París (Francia), Djerba (Túnez) y Montreal (Canadá), que la era digital desafía de forma significativa los regímenes de visibilidad existentes en los espacios urbanos. Además, al compartir el artista o el «cazador» las producciones o las fotografías, respectivamente, se tiene acceso a ver piezas de todo el mundo, con lo cual se democratiza (o globaliza) la contemplación del grafiti (antiguamente, recuerda Pedro Almeida García, había foros en internet muy complicados de encontrar si no se pertenecía a ese mundo). De ahí que, según De Gunther Delgado y Salazar (2017), la ciudad misma se virtualice a través de las redes:

> La ciudad también se virtualiza, expande su dimensión física colocándose en la dimensión de lo «glocal», en un proceso de territorialización y desterritorialización de sus imágenes, lo específico de lo urbano y de la localidad contrastado con lo general y global en relación con el mundo y su libre flujo a través de redes informáticas y, en tal virtualización, el arte también se virtualiza (47-48).

Permitiendo, por tanto, que los artistas locales compartan su obra globalmente y que esta sea accesible, como apunta el artista callejero Adrián Mateo «Dridali» refiriéndose a las redes sociales, «para todo el mundo» (Huerta, 2022: 161). Incluso crear redes fuera del circuito local y alcanzar la internacionalización. Aunque también, como señala Pablo Navarro (comunicación personal), pueden tener como peligro que la competición entre espacio físico y virtual llegue a que «el *like* pese más que el *spray*» o que los autores pierdan originalidad. Inevitablemente, la cultura tecnológica influye en el grafiti (Figura 28):

Figura 28. @semenamoraelama

Los *hashtags* están casi omnipresentes en las publicaciones: #graffitiporn, #caligrafiti #feasartes y demás términos alusivos al grafiti o al propósito que persiguen los grafitis; así como otros elementos como los emoticonos o *smileys,* que, al igual que otras figuras como los muñecos, logos u otros iconos como las coronas y símbolos como los de la anarquía, interactúan con el paisaje grafitero.

En cualquier caso, disponer de estas recopilaciones, además del creciente aumento de cuentas sobre grafiti de artistas, individuales o corporativas, o estudiosos, aficionados o turistas, con diferentes enfoques en redes, en particular Instagram, la red social por excelencia para difundir las producciones, como se ha ido visto en la mayoría de ejemplos mencionados, a los que podemos sumar @baoart, @ohm.svq, @streetartcities, @sevillagraffstory, @sevillaresiste y un largo etcétera. Incluso, como en el caso de @tinto247, Instagram se ha convertido un medio idóneo de protesta contra las políticas antigrafiti municipales. De cualquier forma, como subraya González Rivas (2019), internet debe seguir siendo una herramienta y no un sustitutivo, ya que, aunque el grafiti tiene una fuerte presencia en línea, los grafiteros insisten en que la visibilidad en la calle es más importante para obtener respeto dentro de la comunidad.

Bibliografía

BRITA, Tania di (2020): «The Disappearance/Virtualisation of Graffiti and Street Art», *SAUC (Street Art & Urban Creativity),* 5(2), 6-17.

CUADROS MUÑOZ, Roberto (2024): «El grafiti como paisaje (extra) lingüístico», en Manuel Flores Muñoz (ed.), *Busco tus letras por las paredes de mi ciudad.* Sevilla: Ayuntamiento de Sevilla e ICAS, 7-10.

DE GUNTHER DELGADO, Leonel y SALAZAR LAMADRID, Adriana (2017): «Ciudad y arte: la voz de los "grafiteros" locales», *Arte, entre paréntesis,* 4, 41-52.

DI CONSIGLIO, Flavia (2013): «Caligrafiti: el arte de hacer grafiti de manuscritos medievales», *BBC News,* https://www.bbc.com/mundo/noticias/2013/12/131222_grafiti_version2

EL CORREO (2024): «Retiran casi 500 grafitis de 87 calles de la Macarena: "Quiero que Sevilla deje de ser paraíso de los grafiteros"», https://www.elcorreoweb.es/sevilla/2024/06/11/retiran-grafitis-pintadas-calles-macarena-103631094.html

GARCÍA, Tina (2018): «Ana Langeheldt (Lahe), ilustradora y artista urbana», https://www.ahmagazine.es/ana-langeheldt-lahe/

GLASER, Katja (2015): «The 'Place to Be' for Street Art Nowadays is no Longer the Street, it's the Internet», *SAUC (Street Art & Urban Creativity)*, 1(2), 6-13.

GONZÁLEZ RIVAS, José Luis (2019): «La construcción social del escritor de graffiti en Granada: Una aproximación cualitativa», en Benjamín Tejerina *et al.* (eds.), *Sharing Society: the impact of collaborative collective actions in the transformation of contemporary societies.* Bilbao: Universidad del País Vasco.

GRIJOTA, Estefanía (2024): «El arte que nace de las vísceras y por necesidad, de Ana Langeheldt», Cultura inquieta, https://culturainquieta.com/arte/pintura/el-arte-que-nace-de-las-visceras-y-por-necesidad-de-ana-langeheldt/

HUERTA, Ricard (2022): «Un maestro del grafiti. Street Art y creatividad en la obra de Dridali», *Educación artística: revista de investigación (EARI)*, 13, 152-161.

KUCUKALI, Ufuk Fatih (2023): «Public Art Practices in Urban Space: The Case of Istanbul», *SAUC (Street Art & Urban Creativity)*, 9(1), 12-25.

LA CAUSA. GALERÍA DE ARTE (s. f.): «Zesar Bahamonte», https://www.lacausaartshop.com/collections/zesar-bahamonte

LETRÁN RUIZ, Eyla y NAVARRETE AVILÉS, Ana (2021): «Pintadas, patrimonio y vandalismo. El higienismo tras la lógica conservacionista», *El topo,* 44, 18. https://eltopo.org/wp-content/uploads/2021/01/el_topo_44.pdf

LUQUE RODRIGO, Laura *et al.* (2021): «Comparative Analysis of Street Art Cataloguing Projects in the Cities of Monterrey (Mexico) and Jaen (Spain): Proposal for the Inclusion of Communities», *SAUC (Street Art & Urban Creativity)*, 7(1), 80-91.

MATICADMIN (2020): «Graffiti y Street Art en andaluz; Manomatic Studio», https://manomaticestudio.com/graffiti-y-street-art-andaluz/

ROTAECHE, Alaia (2024): «Grafiteros de Sevilla, tras el 'muralicidio': "Se está demonizando que la gente pinte en el centro"», *La Voz del Sur,* https://www.lavozdelsur.es/actualidad/sociedad/grafiteros-sevilla-muralicidio-se-esta-demonizando-gente-pinte-en-centro_317420_102.html

VON TOUCEDA, María (2021): «Seleka: "En mi obra necesito que haya elementos que no funcionen, que rompan la armonía"», *elemmental,* https://elemmental.com/2021/01/13/entrevista-seleka/

YBARRA, Pedro (2022): «Sevilla tiene su propio 'Banksy'», *ABC* de Sevilla, https://www.abc.es/sevilla/ciudad/sevi-sevilla-tiene-propio-banksy-202202202301_noticia.html

ZAHAR, Hela y ROBERGE, Jonathan (2016): «Street Art: Visual scenes and the digital circulation of images», *SAUC (Street Art & Urban Creativity)*, 2(2), 42-44.

Una *hartá:* herramientas de reconocimiento de voz en torno al fenómeno de la aspiración en hablantes de Andalucía occidental y su traslación al inglés

Ángel Luis García-Junco Jiménez
Universidad de Sevilla

1. Desprestigio, minorización e invisibilidad: contexto y evolución de la situación

Andalucía, la población andaluza y el andaluz tienen algo en común: los estigmas, los estereotipos y el desprestigio que normalmente se les asocia. Al hablar de Andalucía, muchos piensan en festividades como la Semana Santa, la Feria de Abril y otras celebraciones propias de la región. En consecuencia directa, a las personas andaluzas se les asocia con estar de fiesta, dormir la siesta y ser muy graciosas a la hora de contar chistes. Y es, precisamente, por ese «tono chistoso» y esa «gracia» que se atribuye a la población andaluza, junto a factores socioeducativos y económicos, por lo que el andaluz se ha desprestigiado a lo largo de la historia y, por ende, minorizado.

Numerosos debates se han formado durante décadas en torno a la decisión de clasificar el andaluz con la etiqueta de «habla» o «dialecto». Se puede entender por «habla», a grandes rasgos, a la manera de hablar de una persona o una comunidad en la que se engloban diferentes peculiaridades propias de sus hablantes; por otra parte, el término «dialecto» hace referencia a una variedad regional o social de una misma lengua. Si bien es cierto que en diversas ocasiones se hace alusión a las «hablas andaluzas», filólogos como Alvar (1988) ya defendían la posición del andaluz como un dialecto del castellano, en el que sí que se puede diferenciar un conjunto de hablas, como la sevillana o la cordobesa (19). Por lo tanto, la comunidad andaluza cuenta con una variedad de hablas diferentes, todas ellas con sus propias características y rasgos fonéticos que las distinguen del resto.

Durante décadas, muchos hablantes de andaluz, por razones laborales o para intentar acercarse al «español estándar» que se utiliza en los medios, se vieron obligados a dejar de lado su característico «ceceo», «seseo» o «jejeo» propio de su lugar natal para encajar en un contexto no precisamente permisivo con estos rasgos del lenguaje. Sin embargo, en los últimos años ha surgido una corriente popular que busca revitalizar estas hablas minorizadas. Uno de estos intentos ha sido el diseño de campañas publicitarias de empresas como Cruzcampo, en la que aparece recreada de manera artificial la icónica Lola Flores. El anuncio está completamente grabado en andaluz, mostrando el lado más natural de la artista cuyo lema principal es, precisamente, «el acento es tu tesoro, no lo pierdas nunca».

Además de las campañas publicitarias andaluzas, el auge de variedades del andaluz occidental, como la sevillana, en los medios de comunicación ha estado mayoritariamente favorecida por la aparición de artistas y cantantes famosos a nivel nacional e internacional como, por ejemplo, Pastora Soler, El Arrebato, Isabel Pantoja, Rocío Jurado o Beret. La participación en entrevistas, conciertos, canciones y, en general, la presencia mediática de estas figuras conocidas ha hecho posible que el andaluz haya ido perdiendo poco a poco los estigmas que tenía asociados y que haya ganado una mayor aceptación en la sociedad. Este resurgimiento ha permitido que el andaluz no solo se visibilice como una seña de identidad regional, sino también como una forma de expresión cultural. Gracias a estos artistas y su acento particular, el andaluz occidental se ha podido consolidar como un elemento clave de la cultura popular española a la vez que, poco a poco, va ganando terreno en la esfera pública.

2. EL ANDALUZ EN ACCIÓN: APLICACIONES, HERRAMIENTAS Y OTRAS MANIFESTACIONES TECNOLÓGICAS

Más allá de los estigmas y estereotipos asociados con el andaluz, brevemente discutidos en la sección anterior, no hay que olvidar que, a fin de cuentas, estamos tratando con lenguaje natural y, por tanto, un sistema de naturaleza lingüística que se rige por unas reglas ya establecidas. Como ya indicaba en su artículo Martín (2017), los términos lengua, dialecto o variedad «no son más que simples etiquetas muy connotadas por aspectos ideológicos y sociales» (4). Los seres humanos aprenden el lenguaje por exposición a él, sin necesidad de distinciones innecesarias, por lo que la variedad o el dialecto que un bebé adquirirá en su etapa de aprendizaje será aquella a la que su familia lo haya expuesto. En palabras de Martín, «[e]l cerebro del niño no distingue entre lengua estándar, no estándar, dialecto, habla, modalidad, etc., pues lo que escucha no viene con etiquetas impuestas ni explicaciones. Se trata de información lingüística humana, de sistemas de la misma naturaleza» (5).

El andaluz se ha utilizado ya como lengua meta dentro del campo de la traducción. Un ejemplo es la obra *Lah mir primerah palabrah en andalú,* una traducción del inglés al andaluz llevada a cabo por el malagueño Huan Porrah Blanko del libro para niños *First Thousand Words in English.* Otro trabajo aún más conocido es la traducción del clásico del escritor francés Antoine de Saint-Exupéry *Le Petit Prince,* traducido al «andaluz» como *Er Prinzipito.* Debido a la falta de una sistematización ortográfica de las hablas andaluzas, estas iniciativas no han estado exentas de polémica.

El mundo literario no ha sido el único que ha recibido traducciones al andaluz, sino que estas también se han llevado a cabo en la industria de los videojuegos, entre los que se encuentra el conocido juego de bloques Minecraft.

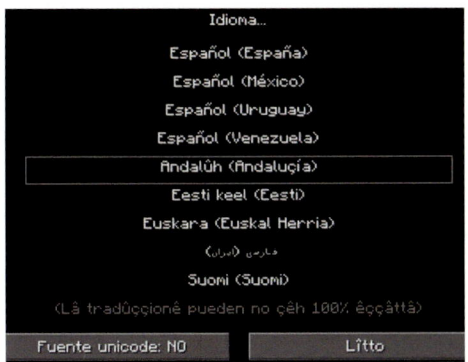

Figura 1. Interfaz del menú de selección de idiomas de *Minecraft*

En este caso, cabe resaltar que no es la única variedad del español a la que ha sido traducido, sino que, como se puede observar en la imagen anterior (Figura 1), cuenta con otras variedades del continente americano como el español de México, el de Uruguay y el de Venezuela; además, dispone también de una traducción al euskera. Por lo tanto, la industria de los videojuegos también va poco a poco incorporando variedades de una lengua más allá de la considerada estándar, teniendo en cuenta incluso aquellas minorizadas como la andaluza.

Otro de los proyectos llevados a cabo con el andaluz como protagonista es la creación de pasatiempos *online* como Wordle. Esta aplicación se reinicia cada día a medianoche y el objetivo es muy sencillo: averiguar la palabra oculta a través de ir colocando y descartando letras hasta dar con las correctas. La versión de Wordle en andaluz fue desarrollada por el grupo AndaluGeeks, quienes proponen una serie de reglas ortográficas (no gramaticales) para ajustarse a las convenciones del andaluz hablado. El conjunto de estas reglas es lo que denominan *Êttandâ pal Andalûh* (EPA, Estándar para el andaluz).

CÓMO HUGÂH ✕

Adibina la palabra andaluça en çéî intentô. Aquí êccribimô en Êttandâ pal Andalûh (EPA). Abaho te ponemô argún ehemplo.

Aprende mâ con Trâccrîttôh Câtteyano a Andalûh

Uçamô **Ç** pa repreçentâh zezeo, seseo, heheo y dîttinçión. Lâ heminaçionê çe ponen con dígrafô (**TT**).

Con la **X** çe repreçenta tó la bariedá de çonío como *ch* o *sh*. En andalûh n'ay *uve*, tan çolo **B**.

La axe âppirá o er ronquío ban con **H**, y tamién er finâh de palabra agúa no acabá en bocâh.

¡Una palabra nueba cá día!

Figura 2. Instrucciones del juego *Wordle* en andaluz, con algunas de las reglas ortográficas de uso del EPA

Como se puede observar en la imagen anterior (Figura 2), se atribuyen diferentes grafías y reglas dependiendo de la modalidad de pronunciación con la que se esté tratando. El objetivo principal de esta propuesta es hacerla inclusiva, de modo que se evita distinguir entre las diferentes hablas del andaluz para tratar de abarcar, por el contrario, todas las variedades en una única propuesta de transcripción. Esto se observa, por ejemplo, en el uso de la grafía «ç» para agrupar la pronunciación seseante, ceceante y jejeante en una única modalidad de transcripción. En cuanto a las consonantes geminadas, como las que surgen tras producirse una aspiración, la representación se realiza sustituyendo la consonante aspirada y duplicando la letra que la sigue. Otras reglas similares y más en profundidad, así como un transcriptor automático del castellano al andaluz y otros recursos que podrían resultar de interés, se pueden encontrar en su página web siguiendo el enlace www.andaluh.es.

El andaluz escrito, sin embargo, no es el único que se ha intentado poner en manifiesto para un uso activo en la sociedad; sino que, con el auge de la Inteligencia Artificial (IA), ya parece ser posible la creación de aplicaciones y voces sintéticas que imitan los patrones de habla del andaluz, con características específicas como, por ejemplo, la aspiración de la /s/ o el uso de vocabulario procedente de la región.

Una de las herramientas de lenguaje generado por IA más conocidas hoy en día es ChatGPT, desarrollada por la compañía OpenAI; no obstante, la mayoría de los usuarios que la utilizan regularmente únicamente conocen la parte más superficial de este tipo de IA generativa. En una de sus últimas actualizaciones, ChatGPT ha incluido entre sus funcionalidades la opción de voz, con la que se permite a los usuarios comunicarse con el software de manera oral. Por lo tanto, haciendo uso de una serie de sistemas de reconocimiento de voz (ASR, *Automatic Speech Recognition* en inglés), la máquina descifra el código y las ondas producidas por el hablante y, de la misma manera, ofrece una respuesta oral a lo que se le ha pedido. Cabe destacar que esta funcionalidad, además de haber sufrido retrasos en su llegada al continente europeo debido a la aplicación de la normativa que concierne, entre otros, al Reglamento General de Protección de Datos, actualmente está disponible para usuarios tanto de Android como de iOS, aunque algunas de las funciones más avanzadas requieren la subscripción a uno de los planes.

Gracias a la versatilidad que la IA generativa ofrece a sus usuarios, existe la posibilidad de pedirle a ChatGPT que sus respuestas orales a nuestras instrucciones las produzca siguiendo un acento, dialecto o habla específico del idioma en el que se esté trabajando.

Jon Hernández, creador de contenido sobre Inteligencia Artificial en la red social YouTube, realizó a finales del pasado mes de julio de 2024 una prueba mediante la funcionalidad de voz de ChatGPT (que aún se encontraba en su versión Alpha) en la que le pidió que le ofreciese las respuestas imitando el acento andaluz. El resultado, además de causar un efecto humorístico y jocoso tanto para el propio creador como para el público que lo seguía en directo en ese momento, se alejaba considerablemente de la manera de hablar de un andaluz por dos motivos principales:

— En primer lugar, el sistema pareció interpretar la orden de imitar el acento andaluz con apropiarse del léxico y expresiones inherentes a los hablantes sevillanos para generalizarlo como «andaluz». Esto se observa, por ejemplo, en el uso de frases típicas de Sevilla como «claro, mi arma» y «olé tú, muchas gracias, chiquillo».

— En cuanto a la pronunciación, si bien refleja algunas características propias del andaluz como la aspiración de la -*s* final o la pronunciación del conjunto consonántico *ch* como *sh* (por ejemplo, en *shiquillo*), la entonación y la fluidez del habla se asemeja mucho más a la de un hablante canario e, incluso, cubano.

En resumen, durante su versión Alpha, la funcionalidad de voz de ChatGPT no era capaz de ofrecer una respuesta imitando el acento andaluz de manera general, sino que parecía tomar como referencia palabras, expresiones y características fonológicas de la pronunciación pertenecientes a Sevilla para generalizarlas y catalogarlas como «andaluz», a pesar de que, en cuanto a entonación, no tenía nada que ver con la manera de hablar en Andalucía.

Tres meses más tarde, en octubre de 2024, la funcionalidad de voz ya está disponible en España. Para comprobar la evolución de los resultados desde la versión Alpha del mes de julio, presentada por Jon Hernández, se realiza una revisión de las características que el sistema adopta como «andaluzas» cuando se le pide que responda utilizando esta variedad del español. Sorprendentemente, parece haberse producido una mejora exponencial, ya que el acento se muestra de manera más neutral y prácticamente idéntico al original. Esto se observa, principalmente, en el cambio de entonación y fluidez del habla: se deja atrás esa semejanza con las características del acento canario o cubano para, finalmente, tomar como modelo una forma de hablar propia del andaluz. Además, el sistema ya no utiliza un léxico específico de una región concreta de Andalucía en su respuesta, sino que opta por emplear términos más generales y que se pueden extender a varias zonas territoriales (como, por ejemplo, «compadre»).

Para ahondar aún más en las posibles capacidades que el sistema puede ofrecer, se incide en que, además de utilizar el acento andaluz, lo haga utilizando la variedad sevillana. Cuando se le solicita a ChatGPT que describa la variedad sevillana, lo hace con los siguientes fenómenos fonético-fonológicos: el empleo del ceceo (presente en la mayor parte de la provincia de Sevilla, aunque en la capital y sus áreas circundantes predomine más el seseo), o la aspiración de la *-s*, como en la secuencia «unas tapas variadas» (pronunciado como */una^h tapa^h variada^h/*). También se puede señalar el uso del rotacismo, fenómeno producido en palabras como «algunas» (pronunciada como */arguna^h/*), en el que el fonema */l/* pasa a ser pronunciado como */r/*. A pesar de todas estas características tan llamativas, hay ocasiones en las que se manifiestan algunas incongruencias, como al pronunciar la secuencia «todos los usuarios» en la que no se produce ninguna aspiración donde correspondería. Por lo tanto, a pesar de que el sistema ya ofrece la posibilidad de ofrecer respuestas íntegramente en andaluz (y, además, en su variedad sevillana), aún se pueden percibir pequeñas faltas que, por motivos obvios al tratarse de un sistema de inteligencia artificial, necesitan mayor entrenamiento y mejoras en futuras actualizaciones para poder asemejarse completamente a la realidad.

3. SISTEMAS DE CONVERSIÓN DE TEXTO A VOZ (Y VICEVERSA): ¿CÓMO FUNCIONAN Y CON QUÉ FINALIDAD SE UTILIZAN?

Gracias al auge tecnológico y al desarrollo de los sistemas de Procesamiento de Lenguaje Natural, la inteligencia artificial ha favorecido la creación de aplicaciones y herramientas que permiten la conversión de texto a voz (conocido como *Text-to-Speech* o TTS en inglés); así como de voz a texto (*Speech-to-Text* o STT). El origen de estas aplicaciones se remonta, sin embargo, a los años ochenta, cuando se utilizaban como herramientas de tecnología asistida para estudiantes con algún tipo de discapacidad reconocida. En este contexto, los sistemas de texto a voz servían como apoyo para que usuarios con dificultades de lectura, por ejemplo, tuviesen una motivación y asistencia externa que les permitiese leer y comprender los textos para poder mejorar sus habilidades de estudio (Baker, 2014: 28). A pesar de ello, la calidad de las voces que se utilizaban no resultaba para nada natural a los oyentes, pero con el paso del tiempo y la aparición de la inteligencia artificial, ya es posible crear voces sintéticas cuya entonación y oralidad se asemeja casi totalmente a las propias de la voz humana (Bione y Cardoso, 2020: 183).

En el caso de los sistemas de voz a texto, como indica Morató (2024) uno de los principales planos en el que tienen mayor impacto es en favorecer la accesibilidad, ya que suponen «un valiosísimo soporte para quienes precisan de apoyo en una gran variedad de tareas de índole lingüística» (120). Un ejemplo al alcance de usuarios habituales de procesadores de texto como Word es la herramienta de dictado, disponible en el menú principal de funcionalidades y que se puede identificar con el icono de un micrófono. Gracias a esta función es posible transcribir todo lo que una persona dice en voz alta, palabra por palabra, permitiendo una redacción mucho más rápida y eficiente, especialmente para aquellos usuarios con algún tipo de restricción motora.

Estas herramientas abren un amplio abanico de posibilidades para la investigación en el ámbito de la lingüística, ya que permiten el diseño de experimentos en torno al funcionamiento de los sistemas de reconocimiento de voz según el acento o la variedad del idioma que se esté empleando. Por ejemplo, resultaría interesante analizar si el sistema voz a texto que ofrece la función de dictado de *Word* reconoce con la misma eficacia la pronunciación de un hablante de inglés no nativo en cuya lengua haya sonidos no existentes en el inglés y que, por tanto, puedan interferir en su forma de pronunciar en la lengua extranjera.

Para este estudio, como se presentará en el siguiente apartado, el objetivo es analizar la habilidad de la herramienta de dictado para transcribir una serie de oraciones en inglés y en español producidas por hablantes nativos de la provincia de Sevilla, cuya variedad del español es la andaluza y, más concretamente, el habla sevillana. Además, se observará su traslación al inglés para señalar si se producen o no interferencias de los rasgos nativos de los hablantes en su pronunciación de la lengua extranjera y cómo estas se podrían ver reflejadas en el reconocimiento de voz del sistema de dictado.

4. EL FENÓMENO DE LA ASPIRACIÓN EN HABLANTES DE ANDALUCÍA OCCIDENTAL Y SU TRASLACIÓN AL INGLÉS: ¿CÓMO LO AFRONTAN LOS SISTEMAS DE RECONOCIMIENTO DE VOZ?

Una de las principales características del habla de Andalucía occidental, como ya se ha mencionado en varias ocasiones, es la aspiración del sonido /s/ en posición final de sílaba e, incluso, final de palabra. Esto se observa, por ejemplo, en palabras como castillo (pronunciado como /ca^{h}tillo/, donde la -s ocurre a final de sílaba) o libros (pronunciado como /libro^h/, la -s ocurre a final de palabra). Este fenómeno, en el caso del inglés, no tendría un equivalente determinado en cuanto a la aspiración de la s, ya que se produce una distinción entre la pronunciación sorda y sonora según el contexto en el que se encuentre esta consonante.

Si bien es cierto que en inglés no se produce ningún tipo de aspiración con relación a la pronunciación de la s, sí que hay un tipo de aspiración específico: el de la *h*. A diferencia del español, donde la *h* no se pronuncia, en inglés se trata de una consonante glotal que se realiza con una aspiración cuando se encuentra en posición inicial de sílaba (e.g. *house*, pronunciado como /haus/), siempre y cuando no vaya precedida de otra consonante que pueda dar lugar a una modificación de la pronunciación (como, por ejemplo, en el caso de *sheep,* pronunciado como /ʃiːp/).

En este estudio se analizará cómo influye en el reconocimiento y transcripción por parte de la herramienta de dictado de Word la realización (o no) de la aspiración por hablantes de la variedad de Andalucía occidental tanto en español como en inglés. Para ello, se han utilizado dos conjuntos de oraciones diferentes en las que está presente, al menos, un contexto específico donde podría producirse una aspiración.

Para el español, se han elegido tres oraciones donde se pueden señalar los dos contextos diferentes de aspiración de la -s: final de sílaba y final de palabra.

(1) Lo_s niño_s son travieso_s.
(2) E_stamo_s muy cansado_s.
(3) Mi_s amigo_s son geniale_s.

En el caso del inglés, también se han incluido tres oraciones donde se produce la aspiración de la -h.

(4) H̲e is very h̲andsome.
(5) You h̲ave a h̲ouse.
(6) H̲elen h̲as h̲eavy boxes.

Además, en las oraciones (4) y (6) se incluyen palabras terminadas en -s para observar si aquellos participantes con prácticamente nulo nivel de inglés realizan la aspiración como interferencia del español, a pesar de que en inglés es necesario pronunciarla.

Se proponen, por lo tanto, las siguientes hipótesis de partida con relación al reconocimiento de este fenómeno por parte de la herramienta de dictado:

Hipótesis 1: La aspiración característica de la variedad de Andalucía occidental en las oraciones del español no supondrá ningún problema para que la herramienta de dictado sea capaz de reconocer la secuencia completa de palabras y la transcriba de manera óptima. Esto deriva de la posibilidad de que el sistema sea capaz de rellenar ese vacío de pronunciación a través del contexto que forma el conjunto de la oración y que da a entender, por ejemplo, que una palabra es plural a pesar de no haberse pronunciado la -s que marca esa pluralidad.

Hipótesis 2: En el caso del inglés, se espera que no haya interferencias de la aspiración en español con el inglés en aquellos participantes cuyo nivel de inglés es más alto. Sin embargo, en los participantes con menor nivel, se presume que no realizará ninguna aspiración, ni la propia de la -*h* ni la interferencia de la -*s*. Esta idea parte, principalmente, del desconocimiento sobre la aspiración de la *h* en inglés que conlleva, por tanto, a que no se pronuncie ninguna de ellas. En cuanto a la interferencia de la aspiración de la -*s*, al tratarse de una lengua extranjera (o prácticamente desconocida), se cree que tratarán de pronunciar todas las letras y sonidos que se encuentren, siguiendo el modelo de la pronunciación española. Todo esto derivará, por tanto, en una incorrecta transcripción de las oraciones por parte del sistema al no haber sido capaz de reconocer las palabras en su conjunto.

La muestra de este estudio exploratorio consta de cinco participantes, todos ellos nativos de español y hablantes de una variedad de andaluz occidental. Las edades son muy variadas: desde los 13 años hasta los 70. La siguiente tabla resume las principales características de cada persona, junto con el nivel de inglés correspondiente.

Tabla 1. Características de la muestra analizada

Participante	Edad	Lugar de nacimiento	Lugar de residencia	Nivel de inglés
P1	25	Sevilla	Sevilla	Avanzado
P2	23	Sevilla	Sevilla	Avanzado
P3	70	Huelva	Sevilla	Nulo
P4	13	Sevilla	Sevilla	Básico
P5	46	Huelva	Sevilla	Básico

La prueba se basa en la lectura en voz alta de las oraciones de la (1) a la (6). Para ello, se utiliza un ordenador portátil con la herramienta de dictado de Word activada y ajustada al idioma en el que se esté trabajando (es decir, Español (España) para las oraciones del español e Inglés (Reino Unido) para las del inglés). Las oraciones se leen de una hoja impresa donde aparecen escritas en fuente Times New Roman y tamaño 48. Antes de dar comienzo a la actividad, se informa a los participantes de cómo tienen que proceder: cuando suene la señal, tendrán que leer en voz alta las oraciones una a una de la manera más natural posible para que el sistema reconozca la entrada de sonido. Además, se señala que su participación será grabada con el fin de contrastar los resultados obtenidos y transcritos por el sistema con la forma de pronunciación del usuario para una mejor calidad del análisis del estudio.

Los resultados del estudio se han analizado de manera cualitativa teniendo en cuenta la pronunciación de cada uno de los participantes con la correspondiente transcripción llevada a cabo por el sistema de dictado. Para ello, se distinguirán dos apartados específicos en función de la lengua con la que se esté trabajando: uno para el conjunto de oraciones en español y otro para las oraciones en inglés.

En la prueba con las oraciones del español, los resultados han sido mayoritariamente óptimos. Todos los participantes realizan aspiraciones de la -*s* en los contextos donde corresponde en las tres oraciones y la herramienta ha sido capaz de transcribirlas de manera correcta. La única equivocación se ha encontrado en la transcripción del participante número 4, en cuyo caso el sistema de dictado ha incluido palabras de más para las oraciones (2) y (3). El resultado ha sido el siguiente:

a. <u>Hoy</u> estamos muy cansados.
b. <u>Hola</u> mis amigos son geniales.

Tras revisar la grabación de esta participante, se descartan posibles interferencias de ruido externo o palabras pronunciadas de más durante el desarrollo de la actividad. Por lo tanto, se desconoce cuál ha podido ser la causa de esta adición de palabras en posiciones donde no se ha dicho nada ni se han producido sonidos que pudieran ser interpretados por el sistema como elementos reales.

El análisis de los resultados de la prueba en inglés ha dado lugar a varias situaciones en las que el sistema no ha sido capaz de interpretar correctamente las palabras pronunciadas por los participantes. Por tanto, para este apartado, se presentará un análisis individual para cada una de oraciones del inglés, desde la (4) hasta la (6), especificando cuáles han sido los resultados obtenidos por cada uno de los participantes, en caso de que sean muy dispares.

La oración (4), en general, ha obtenido buenos resultados de transcripción con mínimas diferencias entre participantes, ya que casi todos han realizado las aspiraciones en los contextos correspondientes. Cabe destacar la transcripción obtenida por P1 y P4 frente a P2 y P5, en la que el sistema interpreta de manera diferente la pronunciación de la secuencia *He is:* para P1 y P4, la transcripción aparece completa y fiel a la oración original; mientras que en P2 y P5 se abrevia y la herramienta lo transcribe como *He's*. Tras revisar las grabaciones de estos cuatro participantes, se percibe que la pronunciación de 2 y 5, efectivamente, da lugar a entender que se está produciendo de manera abreviada (al realizarse un alargamiento de la vocal */i/*) en lugar de marcar esa diferencia entre dos palabras, que sí está presente en 1 y 4. El caso de P3 es bastante llamativo, ya que no produce aspiración en el caso de *He* pero, en cambio, sí se puede apreciar una breve aspiración al pronunciar la palabra *handsome*. Por lo tanto, este participante es el único que obtiene un resultado diferente al original, ya que la oración queda transcrita como: *A is very handsome* debido a la similitud de la lectura de la secuencia *He is* con la pronunciación de la vocal *a* en inglés.

Para la oración (5), el sistema ha tenido algo más de dificultad para transcribir la lectura de algunos de los participantes. En el caso de P1 y P2, no se han producido errores, posiblemente debido a la pronunciación clara y adecuada de todos los elementos que conforman la oración. La lectura de P5 tiene un leve error en la transcripción, ya que el participante no realiza una pronunciación notoria del verbo *have* y, por tanto, el sistema no ha sido capaz de captarlo con total claridad, resultando en: *You ha ha house.* La transcripción de P4 también contiene un pequeño fallo, aunque en este caso se trata de un error de índole léxica. El sistema no ha sido capaz de discernir entre los términos *house* y *horse* debido a la pronunciación del participante como */hous/* en lugar de */haus/.* Por lo tanto, la herramienta de dictado ha reconocido la secuencia como *You have a horse* y, al ser una oración gramaticalmente correcta, no ha dado posibilidad a una posible autocorrección a *house.* Por último, P3 ha obtenido nuevamente el resultado más llamativo de los cinco participantes. Su pronunciación de la oración sigue fielmente la manera de pronunciar en español, leyendo las palabras tal cual se escriben. Sin embargo, llama atención que no produce aspiración en el verbo *have* pero, al llegar a *house,* sí se aprecia una leve aspiración de la *h.* Debido a esa lectura tan españolizada, el resultado de la transcripción fue: *Joe Abbey hosting,* en la que cada palabra representa de manera medianamente fiel la forma de pronunciar cada uno de los elementos de la oración, a pesar de no ser la que se planteaba originalmente.

Finalmente, la oración (6) ha sido la que más parece haber causado problemas al sistema de dictado, especialmente en cuanto al reconocimiento de elementos de naturaleza léxica. En primer lugar, el nombre Helen ha sido imposible de transcribir correctamente en ninguno de los participantes, a pesar de que casi todos ellos, a excepción de P3, realizan la aspiración y una pronunciación adecuada. En la siguiente tabla se recogen las diferentes transcripciones que la herramienta ha interpretado para cada uno de los participantes.

Tabla 2. Transcripción del nombre propio Helen por el sistema de dictado de Word

P1	P2	P3	P4	P5
Heaven	Helling	Hello	Honey	Hell

Como se puede observar en la Tabla 2, en prácticamente todos los casos la herramienta es capaz de detectar el comienzo del nombre (y, en algunos casos, incluso el final), aunque no termina de discernir cuál es la palabra que se pretende utilizar y, por tanto, opta por inventársela e incluir otra cualquiera sin relación siquiera al contexto en el que se está añadiendo.

Otro error léxico derivado de una pronunciación incorrecta se puede señalar en la transcripción del término boxes para P3 y P5. Al haber leído la palabra con un marcado acento español, la consonante x se ha pronunciado como si fuese una s, lo que ha dado lugar a que el sistema interpretase ese elemento como bosses. Estos errores de índole léxica, sumados a una pronunciación no del todo acertada de las oraciones por parte de P3, P4 y P5, ha dado lugar, por tanto, a transcripciones bastante diversas y que el sistema no ha sido capaz de poner en pie al no tener tampoco un contexto específico bien señalado: *Hello ask Mary bosses* (P3), *Honey has heavy Walker* (P4) y *Hell uh-huh hey heavy bosses* (P5).

5. CONCLUSIONES Y FUTURAS LÍNEAS DE INVESTIGACIÓN: UN AMPLIO CAMINO POR RECORRER

Basándonos en los resultados previamente descritos, resulta necesario apuntar que se han confirmado las hipótesis de partida de este estudio exploratorio. En primer lugar, la lectura de las oraciones en español con sus respectivas aspiraciones en los contextos donde corresponde pareció no haber supuesto problema alguno para que el sistema de dictado reconociese lo que se pretendía transmitir, cumplimentando lo que se manifestaba en la primera hipótesis. Además, se puede deducir que el contexto de las oraciones ayuda a que el sistema detecte esa pluralidad a pesar de no haberse pronunciado la -*s* correspondiente: si el verbo principal es «son», la herramienta detecta que el sujeto (y, en este mismo contexto, el atributo), está en plural, por lo que es capaz de rellenar el vacío de sonido y transcribir la oración como *mis amigos* en lugar de *mi amigo*. Sin embargo, como se señaló en el análisis de P4, esta herramienta aún plantea algunos errores por motivos que se desconocen, como la adición de palabras que no se han producido durante la grabación.

La hipótesis correspondiente a la traslación del fenómeno de la aspiración al inglés, sin embargo, no se ha cumplido totalmente. Se esperaba que únicamente los participantes con mayor nivel de inglés (P1 y P2) realizasen la aspiración de la *h* propia del idioma, pero sorprendentemente el resto de los participantes y, en especial, P3, también producen la aspiración de esta consonante a pesar de no existir en español (aunque, en algunos contextos, P3 no la pronuncie). En cuanto a la interferencia de la aspiración de la -*s* en inglés como interferencia del español, se ha observado que no se ha producido ningún caso de este tipo, confirmando por tanto esta parte de la hipótesis. Sin embargo, también se ha detectado que el sistema ha cometido numerosos errores de transcripción (no precisamente derivados de una mala pronunciación) que dejan ver la necesidad de revisar y, de ser posible, mejorar el funcionamiento de estas herramientas para ofrecer un mejor servicio y unos resultados óptimos y fieles a lo que el usuario pretende transmitir.

Para finalizar, a pesar de que este estudio se ha centrado únicamente en el análisis del fenómeno de la aspiración, sería interesante también tener en cuenta otros factores y fenómenos presentes en gran parte de la región de Andalucía occidental, como son el ceceo, el seseo o el jejeo. Hay un gran número de hablantes de variedades del andaluz con una marcada tendencia del ceceo, como es el caso de P1. Por tanto, llevar a cabo un análisis de la influencia de estas características, tanto en español como en inglés, y la viabilidad de las herramientas de reconocimiento de voz (ya sea en Word o, incluso, ChatGPT) para detectar y transcribir este tipo de variedad sociolingüística podría resultar atractivo para proponer, por ejemplo, aplicaciones prácticas de estas herramientas con fines didácticos. Al final, no debemos olvidar el origen y la finalidad para la que surgieron estos sistemas: la accesibilidad y la asistencia en la enseñanza y el aprendizaje.

Bibliografía

ALVAR, Manuel (1988): «¿Existe el dialecto andaluz?», *Nueva Revista de Filología Hispánica,* 36(1), 9-22.

ANDALUGEEKS (s. f.): *Wordle Andaluz*. Recuperado el 13 de octubre de 2024, de https://wordle.andaluh.es

BAKER, Fiona (2014): «Text-to-Speech Software as Assistive and Mainstream technology: Transitioning from a Functional to a Socio-Constructivist Approach», en Boaventura DaCosta y Soonhwa Seok (eds.), *Assistive Technology Research, Practice, and Theory,* 27-43. IGI Global. https://doi.org/10.4018/978-1-4666-5015-2.ch003

BIONE, Tiago y CARDOSO, Walcir (2020): «Synthetic Voices in the Foreign Language Context», *Language Learning & Technology,* 24(1), 169-186.

MARTÍN GONZÁLEZ, Javier (2017): «La discriminación de la realidad lingüística andaluza», *La Voz del Sur,* https://www.lavozdelsur.es/cultura/la-discriminacion-de-la-realidad-linguistica-andaluza_42385_102.html [consulta: 13/10/2024].

MOJANG STUDIOS (2011): Minecraft [videojuego]. Microsoft Windows. Mojang Studios.

MORATÓ, Yolanda (2024): «La voz a ti debida: herramientas convertidoras de unidad escrita a unidad oral (y viceversa)», en María García Antuña (coord.), *Filología y nuevas tecnologías* (119-130). Universidad de Sevilla.

El origen de un enigmático nombre sevillano: *Vib Arragel*

María Dolores Gordón Peral
Universidad de Sevilla

Un paseo por las calles y plazas de Sevilla nos muestra infinidad de nombres y muchas veces nos preguntamos: ¿de dónde vienen?, ¿a qué hacen referencia? En algunos casos podemos adivinar (o, al menos, intuir) la razón de las denominaciones, o incluso el hecho histórico que las motivó: así, *Calle Mármoles*, por alusión a las columnas de mármol de época romana que persisten en la vía; *Calle Cuna*, por hallarse en ella la antigua Casa [de] Cuna, en la que se daba cobijo a los niños expósitos, abandonados por sus progenitores; *Calle Hombre de Piedra*, en referencia a una estatua de época romana adosada a una fachada de la mencionada calle; *La Campana*, por la que habría en otro tiempo en el lugar y que se utilizaría para movilizar a la población en caso de peligro.

Ahora bien, hay nombres de lugares cuya interpretación no es tan evidente. Por ejemplo, ¿qué explicación tiene un nombre como *Calle Acetres*? ¿y otro como *Calle Archeros*? En estos casos, la interpretación es factible solo si acudimos al diccionario histórico y etimológico, porque nombres como los mencionados se basan en léxico ya caído en desuso, es decir, que ya se ha dejado de utilizar en la lengua actual. Sin embargo, hay alguna que otra denominación que se resiste a su interpretación incluso si hacemos alguna pesquisa de este tipo. Un ejemplo es el que voy a tratar en este trabajo: el odónimo urbano actual *Vib Arragel*.

El nombre *Vib Arragel* –denominación actual grafiada arbitraria-
mente, como se verá– corresponde a una calle del casco antiguo de
la ciudad de Sevilla (Figura 1), próxima al cauce del Guadalquivir, calle
que de la denominada *Puerta de la Barqueta* conduce a Torneo,
frente al conocido como puente de la Barqueta. Según el *Diccionario histórico de las calles de Sevilla*, la denominación *Vib Arragel* «fue
acordada» (se entiende, impuesta) en 1881:

Figura 1. Rótulo actual de la calle *Vib Arragel,* contigua a la calle denominada
Puerta de la Barqueta.

Vib arragel calle casco antiguo
    Dicha denominación, acordada en 1881 al formarse la calle,
perpetúa el nombre árabe de una de las puertas de la muralla
que existía en sus inmediaciones, y del [*sic*] de la plaza sobre cuyo
solar se abre (v. *Blanquillo*). Su formación tiene lugar como parte
de un proceso de urbanización y ordenación del sector noroeste,
tras el derribo de la muralla, y como consecuencia de operaciones especulativas a fines del pasado siglo y comienzos del actual.

Este nombre, sin embargo, ha estado en uso sin solución de
continuidad desde época medieval hasta hoy, pues, además de re-
gistrarse en documentos del Archivo Municipal de Sevilla desde el
siglo XIII y en alguna que otra crónica del cuatrocientos, como ve-
remos, lo encontramos en varios grabados antiguos: en el mapa del
Guadalquivir y sus márgenes, desde la puerta de la Barqueta al Patín
de las Damas, de Pedro Juan Laviesca de la Torre, fechado hacia 1743,
donde aparece grafiado «*Plasa de Uibarrajael*» (aparece como nombre de la plaza sita dentro de la muralla y aneja a la que se denomina
Puerta de la Uarqueta) (Figura 2). Y, así mismo, en el célebre plano

Figura 2. Pedro Juan Laviesca de la Torre (?-1749). Mapa del Guadalquivir y sus márgenes desde la Puerta de la Barqueta al Patín de las Damas. *Ca.* 1743. Detalle. Biblioteca de la Universidad de Sevilla (https://expobus.us.es/s/cervantes/media/2032). Bibarragel figura como nombre de la plaza sita dentro de la muralla (consta como Plasa de Uibarrajael), y aneja a la que se denomina Puerta de la Uarqueta

elaborado por encargo de Pablo de Olavide en 1771, donde aparece como «*Plaza de Viba:ragel*», denominación igualmente de una plaza próxima a la llamada en el mismo plano «*Puerta de la Barqueta*» (Figura 3). Esta puerta era la originariamente denominada «*Bibarragel*», y estaba ubicada en el solar que ocupa la actual calle Calatrava, próxima a la plazoleta llamada del Blanquillo; al parecer, consistía en un arco de medio punto, con estribos que descansaban en dos torreones. Fue reformada en 1387, en 1627 y finalmente en 1773, aunque fue demolida en 1858. Por la construcción aneja que se levantó en época castellana –para reforzar la muralla y proteger tanto de los ataques como de las frecuentes crecidas del río Guadalquivir– se llamó también *Puerta de la Almenilla*.

Es evidente que el nombre inicialmente fue el de una puerta, pues *bib*, como es sabido, es forma dialectal hispanoárabe correspondiente al árabe clásico *bab*, «puerta». Ya se ha visto, en los dos planos citados, el de Laviesca y el de Olavide, que la puerta de la muralla se nombra «*Puerta de la Barqueta*», sin duda por la barca que hacía el tránsito del río en este lugar. Que el nombre árabe pasara a

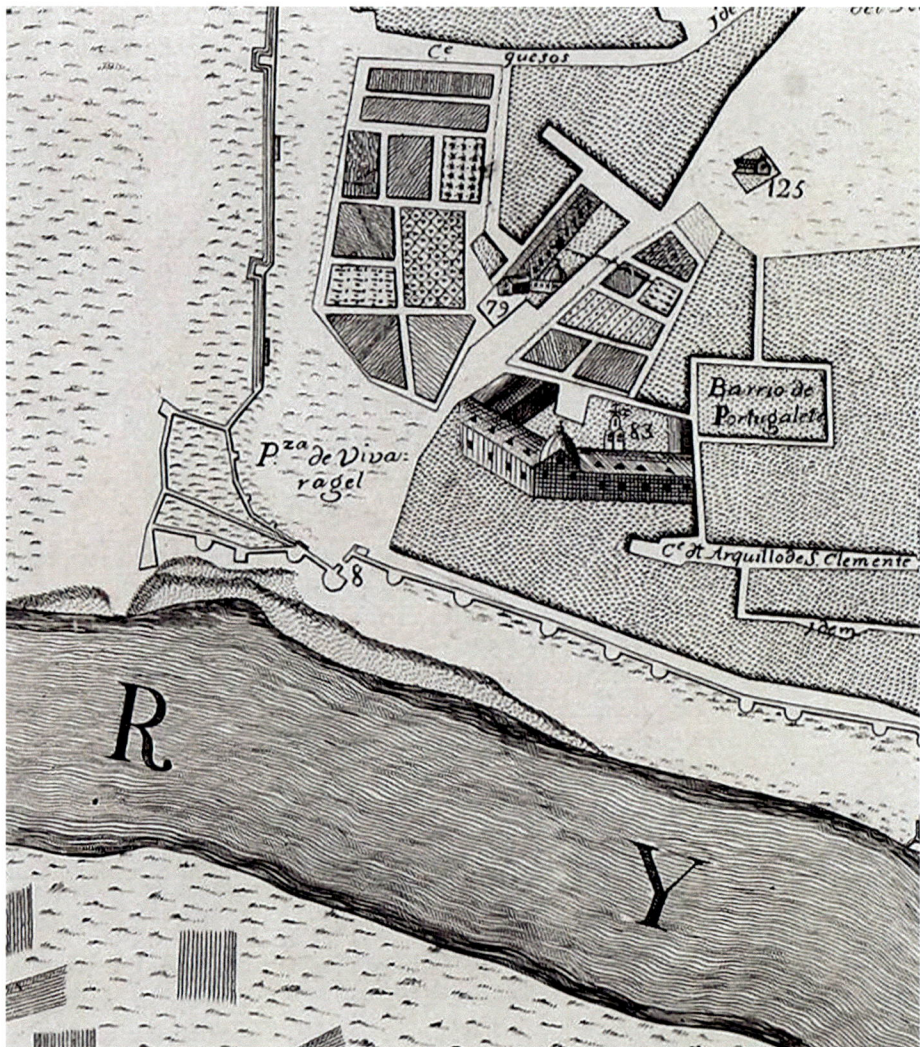

Figura 3. Plano topográfico de Sevilla, Pablo de Olavide (1771). Detalle. Real Academia de la Historia. Colección: Departamento de Cartografía y Artes Gráficas, Signatura: C-AtlasE,II,17 (https://bvpb.mcu.es/es/consulta/registro.cmd?id=423028).
La Bab-al-Ragwal, posteriormente Puerta de Bibarragel, conocida también más tarde como Puerta de la Almenilla y Puerta de la Barqueta. Figura en el Plano de Olavide con el nombre de Puerta de la Barqueta, y está señalada con el número 8. Vivaragel aparece como nombre de la plaza aneja

designar solo la plaza próxima y no ya la puerta significa que los hablantes habían perdido la conciencia del valor semántico del nombre *Bibarragel*, y que este solo ha sido reconocido posteriormente por los eruditos locales como originado en la voz árabe alusiva a la puerta de la muralla islámica. Era esperable, por lo demás, que el nombre *Bibarragel* se castellanizara ya antes de la toma de la ciudad en 1248, pues la nombrada era una parte de la ciudad que desempeñó un papel estratégico clave en las operaciones bélicas de la conquista, ya que protegía la ciudad río arriba. Además, como puerta de la muralla era visible desde la posición de los cristianos atacantes, al igual que otras puertas de la ciudad (así la de Goles, la de Dalcar y la de Minjoar), por lo que los militares cristianos necesitaban disponer de nombres para su identificación durante la fase preparatoria del asalto.

El segundo elemento del topónimo que nos ocupa, en cambio, es de interpretación más difícil debido a su opacidad formal, por lo que ha resultado indescifrable para varios estudiosos que a él se han acercado. Y ello, a pesar de que contamos con numerosos testimonios documentales del nombre de época medieval. Según reflejan las menciones en fuentes archivísticas de Sevilla, este nombre, impuesto en época árabe, continuó usándose entre los cristianos en época medieval, como demuestran las menciones en numerosos documentos romances desde mediados del siglo XIII y durante el XIV (donde siempre aparece con la forma *bib*, que refleja el fenómeno de la *imâla* o cierre vocálico típico del hispanoárabe):

1269: *Bibarraguel*
1274: *Bibarriagel*
1284: *Vibrasel*
1384: *bilbarrajel, bilbarrejel, bilba rrejel*
1400: *bib barragel*

Otras formas que aparecen en documentos posteriores son: *Vib Ragel, Bilbarragel, Baluarregel, Barbarrajel, ibana ragel, biba rragel, Bib-Rangel, Bibaragel, Vivarragel*, etc. Debe advertirse que muchas de tales formas aparecen en copias tardías de los documentos en cuestión, por lo que no extrañan los errores gráficos. Tampoco son fidedignas las variantes con las que el nombre figura en una fuente de distinto carácter, cual es la *Crónica del Halconero de Juan II (1420-1441)*, editada por Juan de Mata Carriazo, en la que se narra el desbordamiento del río Guadalquivir después de fuertes lluvias en el invierno de 1434-35:

> E lunes siguiente, a tres días del mes, llouió, e avino mucho el rrío, e llegó fasta el adarue de la baruacana, desde la puerta de Golles fasta la puerta del Azeyte: que de la puerta del Enjenio e

de la del *Valuarragel* no se fizo mençión dellas, por quanto está el adarue junto con el rrío [...]. En esta noche rrepicaron en algunas yglesias, por quanto se entraba el agua a la çibdad por algunos caños; e eso mesmo se rrestornava el adarue por algunos lugares adentro de la çibdad, de que se espantó mucho la gente. E calafetearon las puertas del rrio de tres tablas en alto, *puerta de Barbarrajel,* e del Engenio, e de Goles, e de Triana, e del Arrabal, e del Azeyte.

Por el estudio de este odónimo sabemos, por tanto, que en el extremo noroccidental del recinto amurallado de la Sevilla musulmana existió una puerta denominada *Bâb al-Ragwâl,* «puerta de al-Ragwâl», que recibiría tal nombre por estar orientada hacia el lugar así llamado (*Al-Ragwâl*), al que conducía el camino que arrancaba de la misma puerta. Pues bien, lo más verosímil es que este segundo componente, Al-Ragwâl, fuera un topónimo mayor en la época de creación del nombre *Bâb al-Ragwâl,* pues es habitual que las puertas de las murallas medievales deriven su nombre de la localidad hacia la que se dirige quien sale de la ciudad a través de ella (compárense con este los también odónimos sevillanos *Puerta de Jerez, Puerta de Córdoba, Puerta de Carmona*).

Está claro, pues, que la llamada *Bâb al-Ragwâl* conducía a una ciudad llamada *Al-Ragwâl,* y que esta debía encontrarse en dirección noroeste a partir de Sevilla. Pero ¿qué noticias históricas nos han llegado acerca de tal ciudad de *Al-Ragwal*? ¿dónde se localizaba exactamente?

En fuentes historiográficas de época árabe se menciona reiteradamente el nombre de una fortaleza o una ciudad fortificada de época medieval: *Qal'at al-Ragwâl* «la fortaleza llamada Al-Ragwal». Son muy explícitos los datos que contienen los textos medievales acerca del nombre y del emplazamiento de la fortificación en cuestión. Los historiadores árabes, en la narración de sucesos bélicos acaecidos en los primeros siglos de dominio musulmán, desde el momento de la conquista, pasando por las sublevaciones que tuvieron lugar en el occidente del país en el emirato de 'Abd al-Rahmân al Dâjil, la incursión de los normandos del 230/844 o las revueltas árabes de la época del emir 'Abd Allâh, mencionan reiteradas veces el nombre de la citada población. Se tiene la certeza de que es una misma localidad la mencionada, por la confrontación de los pasajes en que aparece el nombre: se trata de un *hisn o qal'at,* «fortaleza», siempre situado en la zona de Sevilla, cerca del Guadalquivir y en dirección noroeste.

Pero los recuerdos de los movidos acontecimientos sucedidos en torno a *Al-Ragwâl* no solo se hallan recogidos en la historiografía árabe, puesto que en una fuente cristiana de tempranísima época (siglo X) figura un nombre, *Regel*, como denominación de una ciudad de la provincia Bética, meta de una expedición del que fuera posteriormente rey leonés, Ordoño II, hijo de Alfonso III. La crónica es denominada «*del Silense*» y narra una incursión en cuyo transcurso fue destruida tal ciudad; reza así:

> Siquidem dum Pater adhuc viveret, et ipse Galliciensibus dominaretur, collecto totius provinciae exercitu Baeticam Provinciam petiit. Dein vastatis circumquaque agris, et Villis incensis; primo impetu *Regel* Civitatem quae inter Occidentales omnes Barbarorum urbes fortior, opulentiorque vedebatur, pugnando cepit: omnesque bellatores Caldaeos gladio consumens, cum maxino captivorum, spoliorumque numero ad Visensem reversus est urbem.
>
> (Traducción: «En efecto, mientras el padre aún vivía y él mismo dominaba a los gallegos, reunió un ejército de toda la provincia y buscó la provincia de la Bética. Entonces los campos circundantes fueron arrasados y las ciudades incendiadas; en el primer ataque, el rey tomó las tierras luchando contra aquella ciudad de *Regel*, que se consideraba más fuerte y rica que todas las ciudades bárbaras de Occidente: y habiendo matado a espada a todos los guerreros caldeos, volvió a la ciudad visense [¿de Viseo, en Portugal?] con gran número de cautivos y botín».)

Según esta fuente, una ciudad cuyo nombre se reproduce como *Regel*, de la Bética, fue saqueada y destruida en temprana época. F. Hernández propuso que esta ciudad fuera la localidad misma actual de Alcalá del Río, dado que es la primera ciudad que se encuentra en la dirección a la que apuntaba la puerta sevillana de Bibarragel. Identificó también con Alcalá del Río la citada fortaleza *Qalat al-Ragwal* de los textos árabes. Pero no reparó en que Alcalá del Río aparece mencionada en algunas fuentes árabes como *qal'at al-wâdî* (en el *Rawd al-Qirtâs*) y en fuentes castellanas como *Alcalá del Río* o *Alcalá del Guadalquivir* (en el *Libro del Repartimiento* de Sevilla, de 1253) y no con ningún nombre que pueda relacionarse con la forma mencionada en los textos árabes (*Qalat al-Ragwâl*) ni con el odónimo sevillano (*[Bab-]al-Ragwâl*).

Debía tratarse, pues, de otra población, de otra fortaleza diferente. Pero vamos a revisar la identificación geográfica llevada a cabo por este autor. Sus argumentos son únicamente las no muy precisas localizaciones del lugar que se desprenden de los textos historiográficos árabes. Según estos, *Al-Ragwâl* se hallaría:

a. en las inmediaciones de Sevilla y Carmona, sobre ruta que uniera más o menos directamente a estas dos localidades con Beja y Niebla;

b. en la parte norte de Sevilla, desde donde se accedía por el río: «huyeron a sus naves y echaron río arriba hasta el castillo de *Azaguac* [por *Ar(r)agual*]».

Pero es precisamente el argumento más poderoso con el que quiere sostener su hipótesis, el extraído de Ibn Hayyan, según el cual *Al-Ragwâl* era la primera fortaleza siguiendo el río Guadalquivir hacia arriba, el que no sabemos si tomar al pie de la letra, dado que el historiador vivió nada menos que dos centurias después del hecho que narra, esto es, la supuesta pérdida de la plaza y su total demolición como consecuencia de la algara de Al-Mutarrif, hijo del emir 'Abd Allâh.

Para explicar la falta de mención de sucesos en torno a *Al-Ragwâl* posteriores al siglo IX en los textos árabes y romances por él manejados, F. Hernández supone que la destrucción del lugar en el siglo IX conllevó la total pérdida del nombre y que en el mismo emplazamiento resurgiría en el siglo XII una nueva plaza fortificada denominada *Alcalá del Río* o *Alcalá del Guadalquivir*, cuando ya no hay noticias del nombre *Al-Ragwâl*.

A diferencia de F. Hernández, que no halla con posterioridad ninguna huella del topónimo mencionado en fuentes árabes –por lo que deduce que se perdió totalmente–, nosotros hemos documentado en fuentes castellanas el nombre contenido en el odónimo hispalense *[Bib]arragel*. Efectivamente, en un documento fechado en 20 de junio de 1495, conservado en el Archivo Municipal de Sevilla, en que se dicta sentencia contra el monasterio de Las Cuevas de esta ciudad por la ocupación de un haza de tierras de Alcalá del Río, se menciona un *donadío de Araguel* (debe suponerse que falta el signo de la diéresis, inusual en aquella época, por lo que habría que leer *Aragüel*), situado en las proximidades del cortijo de Antón Chico (nombre este último que ha perdurado hasta hoy como denominación de las tierras limítrofes entre los términos de Alcalá del Río y Burguillos). De otro lado, el historiador Miguel Ángel Ladero Quesada, editor del resumen de un documento en el que se refieren los donadíos del término de Sevilla a principios del siglo XVI, cita un *Donadío de Arahuel* y, entre otros sitios, también de la campiña de Alcalá del Río. Tal donadío pertenecía al convento de las Cuevas de Sevilla. Está claro que en ambos documentos de fecha próxima se alude al mismo lugar, pues en los dos casos se trata del donadío poseído por el monasterio o convento de las Cuevas de Sevilla y, en ambos, el contexto geográfico que ofrece el documento cuadra con la situación del paraje cuya denominación estudio.

Pues bien, este mismo nombre de lugar se ha conservado hasta hoy, pues en la cartografía del Instituto Geográfico Nacional aparece en el límite entre los términos municipales de Alcalá del Río y Burguillos un lugar menor, un paraje llamado *Aranjuez*, y un *Cortijo de Aranjuez*, en un lugar que puede identificarse sin dificultad con el citado en los documentos de alrededor de 1500 como Donadío de Araguel (que debe leerse *Aragüel*) o *Arahuel*. Pero de haber dispuesto exclusivamente de la forma escrita proporcionada por el mapa actual, no podríamos haber llegado a la conclusión de que esta forma moderna escrita, *Aranjuez*, no es un simple calco del conocido nombre madrileño, sino resultado de una deformación (por etimología popular moderna) que relaciona el nombre sevillano con el famoso *Aranjuez* de Madrid. Si añadimos al testimonio de la documentación antigua el de la pronunciación popular actual del nombre, [aragwé] y [arahwé], podemos colegir que la forma más genuina ha de ser *Arahuel* (o *Arajuel*); de estas –y no de *Aranjuez*– debe partir el análisis lingüístico.

Tal forma, Arahuel, es claramente de origen precastellano, y se corresponde exactamente con el nombre de la fortaleza citada reiteradamente como *Qal'at al-Ragwâl* en textos historiográficos árabes. Si realmente hay identidad entre tales nombres, *Al-Ragwâl* y *Arahuel*, estaríamos ante un dato de grandísimo valor para la investigación histórica de la época árabe y para la arqueología. Reunamos, pues, todas las informaciones al respecto, a fin de determinar la validez de tal equiparación formal.

En la serie de formas que acabamos de revisar, esto es, *[Bib]arragel* (y variantes), *Al-Ragwâl* (pronunciado *Al-Ragwel*) y *Regel*, cuadra perfectamente el topónimo documentado, citado arriba, *Arahuel* (o *Arajuel*; var. *Aragüel*). Fonéticamente, no hay inconvenientes en equipararlo a aquéllas. La -*e*- que presentan las formas romances es sin duda alguna una reproducción exacta del timbre que tendría la vocal ya en la pronunciación dialectal hispanoárabe, un timbre difícil de representar mediante el alifato. En cuanto a los restantes sonidos, las formas hermanas contenidas en los topónimos *Bibarragel*, *Regel* y *Arahuel* (moderno [aragwé] o [arahwé]), parecen haber corrido diferente suerte: en *Arahuel* y *Aragüel* (formas que reflejarían una pronunciación [arawél] o [aragwél] a finales de la Edad Media, pues el hecho de que la *h* no esté presente en la forma de 1495 es indicio de que en la forma documentada *Arahuel* esta letra no representa ningún sonido; aplicando la ortografía moderna, habríamos de escribir la forma de 1495 como *Aragüel*, supliendo un signo de puntuación no usual en aquellas fechas) se mantiene la *w* semivocal procedente del wau árabe, por lo que se trata de una forma más etimológica que *[Bib]arragel*, donde parece haberse verificado la pérdida del elemento semivocálico. Respecto a la forma *Regel*, resulta difícil determinar la pronunciación real que tendría el nombre atestiguado en el tempranísimo documento cronístico del Silense, redactado en una fecha en que no existían reglas para grafiar mediante el alfabeto latino ni las formas romances ni las arábigas. Por ello, el valor de este testimonio es menor para la lingüística que para la historiografía. No obstante, resulta interesante observar que la forma de la crónica parece reflejar un timbre vocálico hispanoárabe /e/ ya en el siglo X.

La diferente evolución en época castellana de la forma *Al-Ragwâl* en los topónimos *Bibarragel* y *Arahuel* (o *Aragüel*) se debe, sin duda, a una pérdida de la conciencia de los hablantes urbanos de una relación entre el nombre de la puerta y la antigua fortaleza de las cercanías de Alcalá del Río, que perdería pronto toda su importancia a consecuencia de su devastación. La forma documentada con artículo árabe ha trascendido a las hoy conocidas: la -a- del topónimo *Bibarragel*, como la *a-* inicial de *Arahuel* (>*Aranjuez*), puede justificarse por el artículo árabe *al* asimilado a la letra solar siguiente (*al-ragwâl* > *ar-ragwâl*), y en lo tocante a la *r* que presenta el topónimo alcalareño, en lugar donde sería esperable una *rr*, compárese el nombre de lugar *Arahal*, del ár. *al-rahâl* (>*arrahal*) «la parada, el real para descansar del camino».

La identificación formal de nuestro topónimo actual *[Cortijo de] Aranjuez/* [arahwé]/ [aragwé] - ant. *[Donadío de] Aragüel/ Arahuel* con el nombre de la población árabe *Al-Ragwâl* es, pues, perfectamente factible. De acuerdo con esta identificación, el emplazamiento de la enigmática localidad árabe, tantas veces mencionada, debe, pues, radicar en la zona nombrada en los mapas y otras fuentes escritas actuales con el nombre de *Cortijo de Aranjuez* (antiguo *Donadío de Arahuel* o *Aragüel*). Como por las fuentes árabes conocemos que se trató de una plaza fortificada de gran importancia en las dos primeras centurias de la dominación musulmana, no es concebible su desaparición completa sin haber dejado huellas arqueológicas,

Figura 4. Mapa Topográfico Nacional de España, esc. 1:50000, hoja 962. Detalle.
El llamado Cortijo de Aranjuez está situado en el límite entre los términos municipales
de Burguillos y Alcalá del Río, a 8,7 km en dirección norte del núcleo urbano de la
localidad de Alcalá del Río

de modo que la localización del emplazamiento de la fortificación árabe debe ser factible aún diez siglos después de su destrucción.

Desde luego, toda el área circundante al actual Aranjuez es riquísima en vestigios antiguos de todas las épocas: prerromanas, romana, visigótica y arábiga. El *Catálogo Arqueológico y Artístico de la provincia de Sevilla* da buenas muestras de la existencia de estaciones arqueológicas en los términos de Guillena, Alcalá del Río y Burguillos. Para concretar más, cabe afirmar que lo más probable es que Al-Ragwâl estuviera situada junto al tramo oriental de la calzada romana entre Hispalis y Emérita, llamado también *Ruta, Camino o Vía de la Plata* y que hoy es la carretera comarcal 433. Esta discurre por las cercanías del actual Cortijo de Aranjuez, exactamente a un kilómetro del edificio del citado pago –figura en el mapa 12-39 del Instituto Geográfico Nacional, en las coordenadas 35-59– y es precisamente en ese punto de la carretera más cercano al cortijo donde está emplazada la localidad de Burguillos (Figura 4).

De esta población, Burguillos, sabemos que es de fundación tardía (la primera documentación del topónimo procede de un documento epistolar fechado en 1400; más tarde, aparece en el *Libro Blanco* de la Catedral de Sevilla), que surgió por iniciativa de la ciudad de Sevilla o del Cabildo Catedralicio y se alzó sobre cimientos árabes. El *Catálogo Arqueológico* dice expresamente que «de época musulmana debe ser el actual emplazamiento de la población, sobre un terreno más seguro que el de las ruinas citadas» –más seguro era probablemente el lugar, porque los mencionados restos romanos se encuentran en un terreno de desprendimientos ocasionados por las avenidas del arroyo Huerta Abajo, pero quizá también más accesible, a nuestro juicio, por hallarse junto a la vía de comunicación tan importante que acabamos de mencionar–. Los resultados del análisis lingüístico del nombre de lugar castellano *Burguillos* vienen a confirmar plenamente esta tesis de los arqueólogos; incluso podemos puntualizar que aquel enclave sería en el momento de la fundación de la villa un despoblado, a juzgar, por un lado, por el hecho de que la nueva localidad reciba un nombre romance y no mantenga el árabe anterior y, por otro lado, porque el mismo nombre de la reciente fundación indica bien a las claras que quedaban en el sitio restos ruinosos de un antiguo poblado deshabitado. Puedo hacer estas afirmaciones sin temor a equivocarme, puesto que *Burguillos* es un nombre recurrente en la toponimia castellana, que, por regla general, aparece ligado a yacimientos arqueológicos de envergadura. Examinémoslo, pues, más detenidamente.

El nombre de lugar *Burguillos* no es sino un diminutivo plural *-illos* sobre el apelativo castellano burgo (del bajo latín BURGUS y este del germánico BURGS «ciudad pequeña, fuerte»), que antiguamente se usó (el *Diccionario de la Real Academia* lo recoge todavía, con nota de anticuado) con el significado de «aldea o población muy pequeña, dependiente de otra principal». Ahora bien, para burgo debemos suponer el mismo desplazamiento semántico que se verificaría en otros apelativos como *villar*, *casar*, y, más raramente, *ciudad*, esto es, que de «aldea o pueblo pequeño», pasó a significar «lugar en el que quedan restos de un antiguo poblado», «despoblado ruinoso». *Burguillos* sería, entonces, el nombre que los castellanos impusieron al lugar según los restos ruinosos que presentaba, pues eran «burguillos» o ciudadelas yermas y despobladas las que quedarían de un asentamiento anterior.

Del hecho referido se desprende que el despoblado mismo no conservaría el nombre que habían usado los árabes, sino que sería anónimo a la llegada de los cristianos, que no denominaron al lugar más que por la característica más sobresaliente del mismo, es decir, por sus restos de construcciones. No obstante, la denominación anterior, precastellana, no se perdió, sino que se mantiene hasta hoy como nombre del extenso cortijo que desde las inmediaciones de la población de Burguillos abarca hasta el límite con el vecino término municipal de Alcalá del Río. Por iniciativa de la ciudad de Sevilla o del cabildo catedralicio, la villa sería fundada tardíamente, con toda seguridad en el siglo XIV, pues en el *Libro del Repartimiento* de Sevilla no se menciona el topónimo ni ningún otro nombre que pudiera hacer referencia a aquellos contornos –J. González, en su estudio sobre el *Libro del Repartimiento* de Sevilla, dice que, en su compaña, San Fernando se dirigió de Cantillana a Guillena «pasando probablemente por donde más tarde se establecieron Villaverde y Burguillos»–. El nombre *Burguillos* comienza a documentarse en 1400, ya como villa independiente de la ciudad de Sevilla y como concejo en fechas posteriores. Como bien dice el citado historiador, el fundar nuevas poblaciones en sitios donde quedaban restos de antiguos asentamientos era procedimiento seguido con mucha frecuencia por los reconquistadores y repobladores castellanos. A menudo se recogen menciones de este hecho en los documentos medievales; ejemplos ilustrativos pueden ser los siguientes, procedentes del *Libro del Repartimiento* de Écija:

> fezimos al aldea en el *villar de la laguna;*
> fezimos aldea en los fondonales do esta un *villar pequeño*.

Además, se señala expresamente en ocasiones cómo el nombre ya hace referencia a un emplazamiento análogo en tiempos anteriores; por ejemplo, en la aldea de Miño se asignan 56 aranzadas para morada en *el Villar*; en los Arenales, 27 para morada en *el villar de la torre* y en *el otro villar* de aquende el monte; la heredad de la Moncloa empezaba en *el «villar de los marmolejos»*. Julio González añade algunas notas que pueden servir para explicar igualmente el nombre de lugar impuesto a la población fundada en el sitio donde antiguamente se alzó el fuerte árabe de Al-Ragwâl:

> Desde luego, las antiguas explotaciones perdieron el nombre al arruinarse, el cual pudo ser romano, y también árabe. Cuando los partidores realizaron su trabajo no se conocían los nombres antiguos. En la Moncloa, por ejemplo, lo único específico era un material de construcción, y por eso hablan del «villar de los marmolejos».

El motivo de escoger como asentamiento un despoblado con restos puede explicarse por varias razones, pues, de un lado, podían aprovecharse los materiales antiguos como cantera para las nuevas construcciones, y, de otro, lo que había constituido un emplazamiento estratégico e idóneo para un poblado en otro tiempo, lo seguiría siendo también entonces. Concretamente, en el lugar donde se habría de levantar Burguillos quedarían restos de una antigua fortificación devastada, restos correspondientes, como he dicho, a la frecuentemente citada por los historiadores árabes como *Al-Ragwâl;* el *Catálogo Arqueológico y Artístico* mismo admite que «de época musulmana debe ser el emplazamiento de la población, sobre un terreno más seguro que el de las ruinas [romanas] citadas» (237). Añadamos que también sobre un terreno más idóneo, pues desde la elevación donde está enclavada la iglesia parroquial, la vista puede alcanzar incluso a Sevilla, divisándose toda la zona circundante por ser el terreno más elevado de los contornos. De otro lugar también denominado *Burguillos*, el pacense *Burguillos del Cerro*, nos consta que se construyó sobre restos de una población anterior; Madoz apunta que «en la altura que domina al pueblo [hay] un antiguo y fuerte castillo deteriorado». No podemos hacer, con todo, extensiva la misma interpretación para los muchos nombres de lugar *Burguillo* o *Burguillos* de la Península, por no disponer de datos históricos relativos a cada sitio denominado en particular. Sin embargo, el hecho de que la mayoría sean topónimos menores podría apuntar en esta dirección: pongamos como ejemplo la abulense *Dehesa El Burguillo*, que no dará nombre sino a los restos del poblado que en otro tiempo allí se alzara.

El hecho de que el topónimo (originariamente menor y, desde el siglo XIV, mayor) *Burguillos* aluda primitivamente a abundantes restos ruinosos de una población abandonada ha de estar en relación con el nombre *Arahuel*, referente al área inmediata hacia oeste, impuesto en un estrato lingüístico anterior al castellano y conservado hasta hoy. No cabe otra conclusión que la de que el nombre de la fortificación árabe, *Al-Ragwâl*, pasaría a designar, después de destruida y deshabitada la población, a toda la zona circundante, y no al despoblado mismo, que sería denominado por los reconquistadores según sus llamativas ruinas, *Burguillos* –casos comparables a este son los de *Mulva* (en la Sierra Morena sevillana, término de Villanueva del Río y Minas) y *Reina* (en el sur de Badajoz), nombre que pasó a serlo de toda la zona que rodeaba a la primitiva Regina (de ahí que los pueblos inmediatos se llamen hoy *Reina* y *Casas de Reina*), mientras que el despoblado mismo se identificó con el plástico nombre de *Los Paerones* «Paredones», esto es, por los únicos restos visibles de un poblado anterior, concretamente del anfiteatro romano hoy en día completamente excavado–.

El antiguo nombre *Al-Ragwâl* se ha conservado, pues, como denominación del donadío cercano a la nueva población, y posteriormente, como nombre del cortijo. Son realmente copiosos los indicios que apuntan hacia la identidad de los emplazamientos de Al-Ragwâl y del actual Burguillos. El núcleo de esta población se halla en terreno algo elevado respecto de los colindantes. Sobre todo, lo es la zona nororiental de la villa, donde se halla enclavada la iglesia parroquial de San Cristóbal. Curiosamente, delante de la puerta principal de la iglesia y rodeado por una barriada moderna y algunos corrales pertenecientes a casas de la calle Real, se encuentra una especie de altozano con las dimensiones de un campo de fútbol. En una excursión que tuvimos ocasión de realizar al lugar, observamos que en tal sitio, dedicado en otro tiempo a pastizal –según noticia de uno de los informantes, que resultó ser el propietario mismo–, pero en esa fecha terreno yermo e inutilizado, a pesar de su excelente situación, eran visibles, en una parte desgastada por el paso, una serie de piedras grandes, a manera de piso, evidentemente obra humana, así como abundantes restos de tejas y cerámica, sacadas a luz por el tajo realizado en el terreno que mediaba entre la parroquia y el tal lugar para construir una calzada. Quizá fuera interesante el análisis de los restos, pues hasta ahora la zona ha sido desatendida de los especialistas en arqueología y las conclusiones a las que llegamos por el estudio de la toponimia pueden verse ratificadas con pruebas materiales para acabar de iluminar un periodo de la historia de esta área al parecer oscuro para los estudiosos.

CONCLUSIÓN

Acabamos de demostrar la pervivencia de *Al-Ragwâl* tras la devastación del siglo IX; el topónimo, evidentemente, pasó a ser mero topónimo menor –teniendo, así, un uso solo local– en la época final del dominio musulmán, designando la zona del despoblado (así se explica la defectuosa localización por parte de los historiadores árabes tardíos). Como nombre de lugar menor ha tenido continuidad en la nomenclatura castellana, como demuestra la documentación medieval que hemos aportado, en la que aparece como nombre de un donadío eclesiástico en el siglo XV. Nuestra localización de *Al-Ragwâl* en un sitio distinto del supuesto por otros estudiosos (esto es, la localidad actual de Alcalá del Río), tiene, entre otras, la ventaja de hacer innecesaria la conjetura de un doble cambio de nombre, tan poco esperable, pues difícilmente es concebible el paso de la primitiva denominación de Alcalá del Río, *Ilipa*, luego *Ilipa Magna* o *Itálica*, a la temporal de *Al-Ragwâl* y luego de nuevo a *Alcalá del Río* o *del Guadalquivir* (*Ilipa* era nombre conocido y usado todavía en el siglo III de nuestra era, según prueba el *Itinerario de Antonino,* guía militar y de viajeros que data de los años 211-217 d. C.).

Lo dicho hasta ahora constituye un ejemplo de cómo el análisis lingüístico de los nombres de lugar puede ofrecer pistas aprovechables para los arqueólogos e historiadores. Este análisis lingüístico, naturalmente, no se agota con la identificación fonética de formas toponímicas de diversas épocas y estratos; hemos de plantearnos, antes de concluir, el problema de la adscripción etimológica del topónimo *Ragwâl,* problema de ardua solución a consecuencia de la parca documentación lingüística realmente fiable de los tiempos más antiguos. Intentos de interpretación han sido los de Bosch Vilá (que identificó y explicó erróneamente el nombre de la puerta como *Báb al-Ráyyal,* «puerta de los peones») y Luis de Peraza (que interpretó el nombre de la puerta sevillana como «puerta del Huésped» o «puerta de Ragel, rey moro»). El mismo F. Hernández sugiere un étimo **Reguli_[Castrum],* «perfectamente asimilable en la onomástica al *Castrum Sigerici* (actual Castrogeriz) de nuestras viejas crónicas de Reconquista». Hernández compara la evolución REGULI > *Ragwâl* con la de REGULUS > *Ragüel,* nombre del presbítero autor de la *Vita vel Passio Sancti Pelagii,* coetáneo de este mártir de Córdoba. Vano sería pretender admitir o rechazar esta etimología –fonéticamente muy cuestionable– en vista de tan escueta base documental. Aquí nos limitamos a ratificar la suposición de Hernández de que se trata de un topónimo anterior al periodo de dominación musulmana en la Península, por la abundancia y variedad de formas gráficas con que los historiadores árabes registran el nombre preárabe, y con ello también el poblado al que denominaba dataría de época anterior a la invasión musulmana. Cobraría importancia únicamente hacia fines de la época romano-visigótica o incluso solo en los primeros siglos del dominio musulmán, pues no figura en los geógrafos de la Antigüedad.

Bibliografía

CARRIAZO, Juan de Mata (ed.) (1946): *Crónica del Halconero de Juan II*. Madrid: Espasa-Calpe.

GARCÍA-TAPIAL, José y RAMÍREZ REINA, Francisco (1993): «Identificación del trazado de la muralla de Sevilla en el sector de la Puerta de la Barqueta», *Archivo Hispalense*, 233, 155-166.

GONZÁLEZ, Julio (1951): *Repartimiento de Sevilla. Estudio y edición*. Sevilla: CSIC.

GORDÓN PERAL, María Dolores (1990): *Toponimia de la Serranía de Sevilla*. Sevilla: Publicaciones de la Universidad de Sevilla.

GORDÓN PERAL, María Dolores (1992): «De la importancia de la atestiguación documental para el estudio de la toponimia», *Al-qantara: Revista de estudios árabes,* 13, 2, 349-366.

GORDÓN PERAL, María Dolores (1995): *Toponimia sevillana: Ribera, Sierra y Aljarafe*. Sevilla: Excma. Diputación Provincial.

GORDÓN PERAL, María Dolores (2017): «TRADITIO ET INNOVATIO NOMINUM. Estudio toponomástico de un documento de la época alfonsí», *Journal of Onomastics Universität Leipzig. Onomastische Beiträge auf Geschichte und gegenwart im kulturellen Kontext,* 109/110, 205-234.

GORDÓN PERAL, María Dolores (2024): «Elementos precastellanos en la toponimia urbana de Sevilla», *ONOMASTICA. A Journal devoted to Theory and Interpretation of Proper Names* (en prensa).

GORDÓN PERAL, María Dolores y RUHSTALLER, Stefan (1991): *Estudio léxico-semántico de los nombres de lugar onubenses. Toponimia y Arqueología*. Sevilla: Alfar/Universidad.

GORDÓN PERAL, María Dolores y RUHSTALLER, Stefan (2013): «Procesos de transmisión de los nombres de lugar y su relevancia para la normalización toponímica», en María Dolores Gordón Peral (coord.), *Lengua, espacio y sociedad. Investigaciones sobre normalización toponímica en España*. Berlín/Boston: Walter de Gruyter/Mouton, 9-36.

HERNÁNDEZ, Félix (1961): «Ragwâl y el itinerario de Mûsà, de Algeciras a Mérida», *Al-Andalus,* XXVI, 41-153.

HERNÁNDEZ DÍAZ, José *et al*. (1939-1955): *Catálogo Arqueológico y artístico de la provincia de Sevilla*. Sevilla: Diputación Provincial de Sevilla.

MADOZ, Pascual (1845): *Diccionario Geográfico Estadístico Histórico de España y sus posesiones de Ultramar*. Madrid: Establecimiento tipográfico de P. Madoz y L. Sagasti.

MUÑOZ TORRADO, Antonio (1914): *La Iglesia de Sevilla en el siglo XIII*. Sevilla: Librería e Imprenta de Izquierdo.

VALENCIA, Rafael (1988): *Sevilla musulmana hasta la caída del Califato de Córdoba. Contribución a su estudio*. Madrid: Universidad Complutense.

Palabras que hablan de Sevilla en inglés. Un estudio a través de los textos periodísticos del corpus News on the Web (NOW)

CRISTINA LASTRES LÓPEZ
Universidad de Sevilla

1. INTRODUCCIÓN

Cuando pensamos en palabras que hablen de Sevilla evocamos el léxico del español y, en concreto, de la variedad andaluza. Pero ¿qué palabras hablan de Sevilla fuera de nuestras fronteras? En este capítulo nos adentraremos en las palabras asociadas con Sevilla en la lengua inglesa y, para ello, examinaremos los textos periodísticos del corpus *News on the Web* (NOW), que incluye noticias de una gran variedad de países anglófonos.

¿Qué mejores palabras hablan de Sevilla que el nombre de la ciudad y provincia y el gentilicio que designa a sus habitantes? De acuerdo con el *Oxford English Dictionary* (OED), el término *Seville* (en español, «Sevilla») aparece por primera vez en el inglés medio. En concreto, la primera evidencia de su uso se recoge en 1436 en el poema *Libel of English Policy* y se menciona en referencia al aceite de oliva de Sevilla. En 1593 también se documentan ejemplos en relación con las naranjas de Sevilla. Por su parte, *Sevillian* (en español, «sevillano»), para referirse a los habitantes de Sevilla, no hace su primera aparición hasta siglos más tarde. La primera evidencia de su uso en el OED data de 1830 y aparece en una carta del primer ministro y novelista Benjamin Disraeli. Su variante *Sevillan* (con el sufijo *-an* y no *-ian* en este caso) aparece varias décadas más tarde, en 1883, en este caso en una carta del novelista y poeta George Meredith, haciendo referencia a la cerámica sevillana. Nuestro objetivo es adentrarnos en los usos contemporáneos de estos términos en un corpus periodístico con datos de distintos países de habla inglesa, lo que nos permitirá ahondar en similitudes y diferencias de uso en distintos países anglófonos.

Este capítulo nos permitirá, por una parte, averiguar qué palabras relacionadas con Sevilla se usan en lengua inglesa y, por otra, servirá al lector para adentrarse, de forma amena y divulgativa, en cómo se puede llevar a cabo una investigación en lingüística inglesa y, en concreto, en el ámbito de la lingüística de corpus.

2.   INVESTIGAR EN LINGÜÍSTICA. ¿QUÉ ES LA LINGÜÍSTICA DE CORPUS?

El *Diccionario de la Real Academia Española* define «investigar», en su tercera acepción, de la siguiente forma: «realizar actividades intelectuales y experimentales de modo sistemático con el propósito de aumentar los conocimientos sobre una determinada materia». La investigación se lleva a cabo en todas las áreas de conocimiento y tiene como finalidad el avance del conocimiento, tanto de forma teórica como aplicada. En concreto, dentro del ámbito filológico, la lingüística se ocupa del estudio científico de la lengua.

Cuando se comienza una investigación debemos partir de una hipótesis o plantear una pregunta de investigación. En el caso que nos concierne en este capítulo nos preguntamos qué términos se emplean para hablar de Sevilla en lengua inglesa. Nuestra hipótesis de partida es que habrá diferencias de uso entre unos países anglófonos y otros.

El siguiente paso en la investigación sería buscar o recoger los datos. Aunque dentro del ámbito de la lingüística existen formas muy diversas de obtener los datos, nos centraremos aquí en la obtención de datos en el ámbito de la lingüística de corpus. Pero, ¿qué es la lingüística de corpus? La Asociación Española de Lingüística de Corpus (AELINCO) establece que la lingüística de corpus comprende «estudios basados en el análisis de grandes recopilaciones de textos [...] que adoptan como metodología de trabajo el uso de medios computacionales para presentar datos, de modo que estos [...]

puedan servir como base empírica para alcanzar conclusiones pertinentes». De este modo, la lingüística de corpus nos da acceso a grandes cantidades de muestras reales de la lengua en contexto, con el fin de poder analizar estos datos y establecer conclusiones que permitan el avance del conocimiento lingüístico.

En el ámbito de la lingüística de corpus, lo más frecuente es emplear un corpus ya existente, aunque también es posible crear uno nuevo si no existe uno que cumpla con las características que necesitamos para llevar a cabo nuestra investigación. En nuestro caso, disponemos del corpus NOW que abarca noticias publicadas en distintos medios en línea en una gran variedad de países anglófonos. Este corpus se encuentra accesible en línea de forma totalmente gratuita. Como se verá en la sección 3 más adelante, buscaremos en el corpus NOW distintos términos relacionados con Sevilla.

Una vez obtenidos los datos, estos deben analizarse de forma sistemática de acuerdo con una metodología previamente establecida. El análisis de los resultados permitirá responder a la pregunta o preguntas de investigación planteadas y/o confirmar o refutar la hipótesis inicial. Por último, se establecerán unas conclusiones y futuras líneas de investigación, finalizando así el estudio.

3. INDAGAR EN LOS DATOS. ¿QUÉ CORPUS SELECCIONAMOS Y CÓMO BUSCAMOS EN ÉL?

Antes de indagar en los datos, debemos seleccionarlos. En este caso, vamos a emplear el corpus News on the Web (en español, «Noticias en la Web»; NOW por sus siglas en inglés), compilado por el profesor Mark Davies. Este corpus recoge datos de una gran variedad de noticias *online* en un total de 20 países anglófonos. Actualmente contiene 20,3 billones de palabras, lo que supone que es uno de los corpus existentes de mayor tamaño. Este hecho se evidencia si comparamos el corpus NOW con algunos corpus de referencia del inglés británico o americano, como el BNC2014, que cuenta con 11,5 millones de palabras en el componente oral y 100 millones palabras en el componente escrito, o el corpus COCA, con un billón de palabras.

Una característica reseñable de NOW es que es un corpus monitor. Esto quiere decir que los datos se actualizan de forma continua. De media, cada mes se añaden un total de entre 120 y 140 millones de palabras, incorporadas al corpus de forma diaria. Esto también implica que los resultados podrán variar dependiendo de cuándo se lleve a cabo el estudio, ya que estos corpus se emplean fundamentalmente para estudiar el cambio lingüístico reciente. De hecho, *NOW* es el acrónimo del corpus **N**ews **o**n the **W**eb, pero también el adverbio *now* en inglés (en español, «ahora») alude al tipo de lengua que se puede encontrar en el mismo. El corpus NOW nos permite obtener muestras de lengua muy actualizadas (la lengua «del ahora»), pues los datos se van añadiendo al corpus de forma continua, a diferencia de lo que ocurre en la gran mayoría de corpus.

En este caso, haremos una búsqueda en el corpus relacionada con nuestra ciudad: *Sevill**. En lingüística de corpus, el uso del asterisco para extraer datos se denomina *wildcard* y nos permite obtener todas las palabras que empiecen de esta forma y vayan seguidas de una secuencia de cero o más caracteres. Así, podremos acotar el estudio a formas relacionadas con Sevilla. Esperamos obtener palabras como el nombre de nuestra ciudad, tanto en la forma en español, Sevilla, como en inglés, *Seville,* entre otras; pero también podremos obtener otros términos relacionados en los que, *a priori*, no estemos pensando o no esperásemos encontrar.

4. ALGUNOS RESULTADOS RELEVANTES

4.1. Formas y frecuencias

Como se ha mencionado anteriormente, el corpus NOW es un corpus monitor. Los datos del mismo aumentan cada día haciendo que el corpus tenga un mayor tamaño y permitiendo observar, entre otros, la formación de nuevas palabras, el auge de ciertos términos y el cambio lingüístico a medida que ocurren. En la fecha de realización de la búsqueda, 29 de noviembre de 2024, el corpus mostraba un total de 81960 casos de *Sevill*,* con un total de 271 formas distintas (aunque la mayoría con una frecuencia de uso muy baja, especialmente teniendo en cuenta el tamaño del corpus). En la Figura 1 se muestra una selección de las cinco formas más frecuentes: *Sevilla, Seville, Sevillano, Sevillo* y *Seville-based*.

HELP	①	★	ALL FORMS (SAMPLE): 100 200 500	FREQ	TOTAL 81,960 | UNIQUE 271
1	❶	★	SEVILLA	60610	
2	❶	★	SEVILLE	19614	
3	❶	★	SEVILLANO	320	
4	❶	★	SEVILLO	178	
5	❶	★	SEVILLE-BASED	145	

Figura 1. Las cinco formas más frecuentes de la búsqueda *Sevill** en el corpus NOW

Como podemos observar en la Figura 1, dos de las formas de son claramente dominantes en términos de frecuencia: *Sevilla* y *Seville*. Otro resultado relevante es que la forma en español (*Sevilla*) se impone en términos de frecuencia sobre la forma en inglés (*Seville*) en textos escritos en lengua inglesa en periódicos de diversos países anglófonos. Es importante resaltar que los datos analizados muestran que la forma en inglés (*Seville*) se emplea en relación con la ciudad (o provincia), mientras que la forma en español (*Sevilla*) se usa, en la mayor parte de los casos, en referencia al fútbol y, en particular, al Sevilla Fútbol Club. Se ilustran ejemplos representativos de los usos de ambos términos en contexto en los ejemplos (1), extraído de la prensa neozelandesa y (2), extraído de un medio estadounidense.

(1)   Bayern Munich also have a foot in the door of the semi-finals after coming from behind to win 2-1 at *Sevilla* in their quarter-final first-leg match (NOW Corpus, 18-04-03 NZ, newshub.co.nz).

(2)   The fleet of Spanish ships sailed from Havana, Cuba and headed to *Seville,* Spain on July 24, 1715 (NOW Corpus, 24-11-27 US, cnn.com).

El resto de formas recogidas en el corpus son mucho más infrecuentes. Las formas *Sevillano* y *Sevillo,* tercera y cuarta respectivamente, se recogen como nombres propios en el corpus, como muestran los ejemplos (3) y (4).

(3)   That had profound impacts on children, say Brenda *Sevillano* Pena and Christina Roti, lead teachers of the TCDSB's summer learning program (NOW Corpus, 24-07-15 CA, thestar.com).

(4)   Up to now, it remains undecided by its Executive Director *Sevillo* David Jr. (NOW Corpus, 23-06-07 PH, businessmirror.com.ph).

En quinta posición en frecuencia observamos la forma compuesta *Seville-based,* que sirve para hacer referencia a diversas instituciones con base en Sevilla. Se ilustra este uso en el ejemplo (5).

(5)   The *Seville-based* company had borrowed heavily for more than a decade to expand aggressively into renewable energy (NOW Corpus, 22-08-30 GB, uk.finance.yahoo.com).

4.2. Diferencias entre países anglófonos

Hasta ahora, hemos hecho un análisis general, sin tener en cuenta las diferencias de uso entre unos países anglófonos y otros. La Figura 2 ahonda en esta cuestión, mostrando las diferencias de frecuencia en el empleo de *Sevill** en distintos países de habla inglesa. La primera columna que se muestra en la figura indica la sección del corpus, correspondiendo cada una a un país de habla inglesa diferente. La segunda columna señala la frecuencia de empleo de *Sevill** en esa sección del corpus. La tercera muestra el tamaño del corpus de cada país. Puesto que el tamaño del corpus varía de un país a otro, la cuarta columna nos indica la frecuencia normalizada por millón de palabras, lo que nos permite obtener datos comparables entre países. Finalmente, en la quinta columna se ilustran de modo gráfico las frecuencias de los términos objeto de análisis, lo que nos permite visualizar diferencias entre países.

SECTION	FREQ	SIZE (M)	PER MIL	CLICK FOR CONTEXT (SEE ALL)
United States	11843	8,025.4	1.48	
Canada	2972	2,615.1	1.14	
Great Britain	17762	2,990.2	5.94	
Ireland	6813	1,359.0	5.01	
Australia	5424	1,503.5	3.61	
New Zealand	1201	716.3	1.68	
India	5001	2,358.8	2.12	
Sri Lanka	79	157.3	0.50	
Pakistan	1154	456.7	2.53	
Bangladesh	606	104.2	5.82	
Malaysia	2689	416.4	6.46	
Singapore	3525	677.5	5.20	
Philippines	4440	554.9	8.00	
Hong Kong	215	102.2	2.10	
South Africa	3689	909.4	4.06	
Nigeria	6154	1,065.7	5.77	
Ghana	4373	171.5	25.50	
Kenya	2653	311.8	8.51	
Tanzania	306	41.7	7.34	
Jamaica	347	61.7	5.62	

Figura 2. Diferencias de uso de *Sevill** en distintos países anglófonos

Resulta sorprendente cómo las referencias a Sevilla son mucho más frecuentes en Ghana en comparación con otros países anglófonos. Ghana presenta una frecuencia de 25,50 por millón de palabras, lo que triplica al siguiente país en el que *Sevill** es más frecuente,

Palabras que hablan de Sevilla en inglés. Un estudio...

97

Kenia, con una frecuencia por millón de 8,51. Ambos son países que, en el modelo de círculos concéntricos de variedades del inglés o *World Englishes* propuesto por Kachru (1985), se consideran pertenecientes al «*outer circle*» (círculo externo). Se trata de países que fueron antiguas colonias británicas y donde el inglés no es la lengua nativa de la gran mayoría de la población, pero es lengua oficial y desempeña un papel importante como lengua de la administración y la educación. Si comparamos estos resultados con países el «inner circle» (círculo interno), donde se sitúan las variedades tradicionales del inglés (Estados Unidos, Canadá, Reino Unido, Irlanda, Australia y Nueva Zelanda), vemos que la mayor frecuencia se da en Reino Unido, con una frecuencia por millón de palabras de 5,94, lo que dista considerablemente de las frecuencias de ocurrencia en varios de los países del círculo externo.

4.3. Análisis de las concordancias de *Sevill**

Los corpus nos permiten obtener concordancias. Una concordancia es un listado automatizado de ocurrencias de las palabras o construcciones que buscamos en el corpus y que nos permite ver las mismas en su contexto de uso. La Figura 3 muestra un ejemplo de concordancia de *Sevill** extraído del componente británico. Se ilustran los primeros casos de la concordancia de una muestra aleatoria de 200 casos.

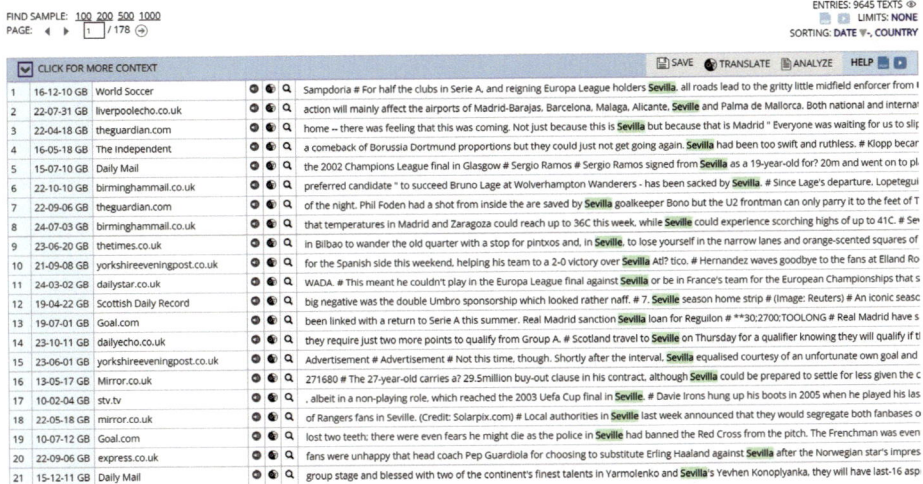

Figura 3. Ejemplo de concordancia de *Sevill**

La siguiente pregunta que nos hacemos tiene que ver con las diferencias de uso de *Sevill** entre unos países y otros, más allá de las frecuencias. ¿Qué nos muestran las concordancias con respecto a los usos de estos términos si comparamos periódicos de distintos países de habla inglesa? Vamos a tomar como caso de estudio, a modo de ejemplo, las diferencias entre cuatro países anglófonos: Reino Unido, Irlanda, Ghana y Kenia. Se trata de cuatro países representativos de los círculos interno (Reino Unido e Irlanda) y externo (Ghana y Kenia) (Kachru, 1985). En ambos grupos, círculo interno y externo de variedades del inglés, hemos seleccionado los dos países en los que *Sevill** ocurre con mayor frecuencia, como hemos podido comprobar en la sección 4.2. Analizamos una muestra de 200 casos de *Sevill** en cada uno de los países. Esta búsqueda nos permitirá observar similitudes y diferencias de uso entre países de habla inglesa.

En el caso de Reino Unido, observamos que la gran mayoría de casos, un total de 156 de la muestra analizada, están relacionados con el fútbol, como se muestra en los ejemplos (6) y (7). Estos casos suponen un 78 % de la muestra analizada, lo que constituye un porcentaje muy representativo.

(6)   There is plenty of optimism at the Emirates, after six wins from seven friendly matches, which included beating Chelsea 4-0 on a tour to the United States and was rounded off by Gabriel Jesus hitting a hat-trick in a 6-0 win over *Sevilla* on Saturday (NOW Corpus, 22-08-02 GB, thetimes.co.uk).

(7)   United issued an apology to a *Sevilla* fan and gifted her with a signed shirt after she was unfairly removed from Old Trafford last month (NOW Corpus, 23-05-09 GB, manchesterevening news.co.uk).

Los 44 casos (22 %) restantes del corpus británico están relacionados con una gran variedad de temas. Son numerosos los casos relacionados con el turismo, como se muestra en el ejemplo (8), en el que se promociona un crucero en el que los turistas pueden visitar Sevilla; el ejemplo (9), donde se presenta Sevilla como destino turístico idóneo para visitar a pie, y el ejemplo (10), sobre la prohibición de apartamentos turísticos.

(8)   This 12-night cruise on Windstar's 312-passenger Star Legend gives you an overnight in each of Bordeaux, Bilbao and *Seville*. What's best is that the ship is small enough to dock in the city centre in Bordeaux, which sweeps around the bank

of the Garonne River in a graceful half-moon, and *Seville,* sailing along the Guadalquivir into the heart of the action. There's plenty of time in Bordeaux to head off to Saint-Émilion to taste wine, in Bilbao to wander the old quarter with a stop for pintxos and, in *Seville,* to lose yourself in the narrow lanes and orange- scented squares of the Santa Cruz quarter (NOW Corpus, 23-06-20 GB, thetimes.co.uk).

(9)   At the other end of the scale *Seville* in Spain was deemed the most walkable city, with five of its biggest tourist attractions all being located within a short walking distance from one another (NOW Corpus, 24-08-20 GB, metro.co.uk).

(10) Barcelona has said it will ban all holiday apartments by 2028 while Madrid, *Seville,* Valencia and the Canary Islands have also tightened rules on short lets after complaints from locals priced out of the housing market (NOW Corpus, 24-11-19 GB, thetimes.co.uk).

En el corpus de Reino Unido, también encontramos ejemplos relacionados con cuestiones muy variadas tales como la política (ejemplo 11), la gastronomía (ejemplo 12) o el arte (ejemplo 13), entre otros.

(11) Vox, a far-right party which has made political gains through downplaying the severity of the climate emergency, has positioned itself as a champion of the strawberry farmers who would benefit from the plans. In *Seville,* thousands have demonstrated against the project, which has been condemned by both Madrid and the European Commission (NOW Corpus, 23-05-26 GB, theguardian.com).

(12) If it says *Seville* on the label, that's what it should taste of. And if it is *Seville* orange and something else, the orange should still predominate. And it mustn't be overcooked (NOW Corpus, 12-03-12 GB, telegraph.co.uk).

(13) One portrait, from Penrhyn Castle in Wales, of a nobleman from Seville (the city of Murillo's birth, where he spent almost his entire career), used to be dismissed as «after» Murillo, but has recently been upgraded to an autograph work (NOW Corpus, 18-02-27 GB, telegraph.co.uk).

En el caso de las noticias de Irlanda, nos encontramos una situación similar. De los 200 casos analizados en la muestra, una amplia mayoría (170 casos, 85 %) están asociados también con el fútbol, como se muestra en el ejemplo (14), o con otros deportes, como el rugby, como se ilustra en el ejemplo (15).

(14) Barca claimed their fourth successive Copa del Rey with a merciless 5-0 thrashing of *Sevilla,* with Iniesta joining Luis Suarez (NOW Corpus, 18-04-22 IE, RTE.ie).

(15) He now plays in Spain with Ciencias Rugby *Sevilla* (NOW Corpus, 22-03-03 IE, balls.ie).

Los 30 casos restantes del corpus irlandés, que representan un 15 % del total de la muestra, están relacionados con diversas cuestiones, tales como el turismo (ejemplo 16) o la gastronomía (ejemplo 17). Destacan también varias menciones a una calle que lleva el nombre de Sevilla en la ciudad de Dublín, como se ejemplifica en (18).

(16) Popular holiday spots including *Seville* and Malaga have been hit with sweltering weather with temperatures predicted to reach as high as 40C. Between Wednesday and Friday, the country is set to experience temperatures that are usually seen in July, reports Sky News reports (NOW Corpus, 23-04-26 IE, dublinlive.ie).

(17) This is my classic marmalade recipe which people repeatedly ask me for and the *Seville* Whole Orange Marmalade below. *Seville* and Malaga oranges come into the shops after Christmas and are around for 4-5 weeks, these bitter oranges are traditionally used for marmalade (NOW Corpus, 13-01-27 IE, irishexaminer.com).

(18) A man in his 40s died in the Mater Hospital after an incident on Wednesday 2 September 2020 where he was found seriously injured on *Seville* Place in Dublin 1 (NOW Corpus, 20-11-19 IE, dublinlive.ie).

Analizamos ahora casos de países pertenecientes al denominado círculo externo de variedades del inglés. A diferencia de lo que ocurría en Reino Unido e Irlanda, en el análisis de las 200 concordancias de Ghana observamos que todos los casos están asociados con el fútbol. Estas conexiones con el fútbol son en su mayoría claras y directas, como en el ejemplo (19), aunque también es posible encontrar asociaciones al fútbol de forma más indirecta, como en el ejemplo (20), en el que *Sevill** hace referencia a la catedral, pero se menciona en relación a la boda de un jugador de fútbol.

(19) Ghana midfielder Thomas Partey will start for Atletico Madrid when they travel to the Ramon Sanchez Pizjuan on Sunday to play *Sevilla* in the La Liga (NOW Corpus, 19-01-05 GH, ghanasoccernet.com).

(20) *Seville's* cathedral will today be packed out by the more than 400 people invited to the wedding of Real Madrid footballer Sergio Ramos and television star Pilar Rubio. It's a guest list brimming with famous faces - but one celebrity who hasn't been included is Ramos' former club colleague Cristiano Ronaldo (NOW Corpus, 19-06-15 GH, pulse.com.gh).

En el análisis de los datos del inglés de Kenia nos encontramos con un escenario similar al de Ghana, con la práctica totalidad de casos asociados al fútbol (ejemplo 21) o, en menor medida, a otros deportes, como el atletismo (ejemplo 22).

(21) Their first concession of eight in a match since an 8-0 defeat to *Sevilla* in 1946 (NOW Corpus, 20-08-16 KE, kbc.co.ke).

(22) Chebet was runner-up last year in Atapuerca and Elgoibar and finished third in *Seville* (NOW Corpus, 22-11-12 KE, the-star.co.ke).

Como excepción, encontramos un ejemplo, ilustrado en (23), referido a las naranjas de Sevilla en el corpus de Kenia, aunque no podemos considerar que sea representativo, ya que se encuentra publicado en un medio destinado a expatriados británicos que viven en Kenia.

(23) The winner, Bill Knight of Australia rose to the challenge by creating a delicious *Seville* Orange, Lemon and Lime Marmalade with Angostura Bitters (NOW Corpus, 19-04-11 KE, britsinkenya.com).

CONCLUSIONES

Este capítulo examina los usos y frecuencias de palabras obtenidas a través de la búsqueda del *wildcard Sevill** en el corpus NOW, que contiene gran variedad de noticias de medios *online* de un total de veinte países de habla inglesa. Este estudio nos ha permitido, por una parte, ahondar en los usos de estas palabras y sus diferencias entre países anglófonos y, por otra, acercarnos de forma amena y divulgativa a la investigación en lingüística de corpus sobre la lengua inglesa.

Los resultados del corpus muestran, en primer lugar, un claro predominio de dos palabras: *Sevilla,* que es con mucha diferencia el término más utilizado, seguido de *Seville.* El análisis de los ejemplos del corpus nos ha permitido determinar que el primero se emplea fundamentalmente en referencia al fútbol y, en concreto, al Sevilla Fútbol Club, mientras que el segundo se utiliza en relación con la ciudad de Sevilla. Esto nos muestra que, más allá de nuestras fronteras, Sevilla se asocia principalmente con el fútbol en los medios de comunicación anglófonos.

Sin embargo, existen diferencias muy notables entre unos países de habla inglesa y otros. En lo referido a la frecuencia de uso, los términos asociados con Sevilla son más frecuentes en Ghana. Este es un resultado que requiere mayor investigación. Esta elevada frecuencia es muy significativa, puesto que triplica a la del siguiente país, Kenia. Consideramos que se debe a la gran afición futbolística existente en estos países, pero, aun así, los datos de Ghana requieren de un estudio de mayor alcance que permita averiguar las razones de esta frecuencia de uso tan elevada. Si comparamos las frecuencias de uso, observamos son mucho menores en países de variedades nativas del inglés. Entre dichos países, las frecuencias más altas de *Sevill** se dan en Reino Unido e Irlanda, posiblemente por su cercanía con Sevilla, en comparación con Estados Unidos, Canadá, Australia o Nueva Zelanda.

Al mismo tiempo que observamos estas diferencias en frecuencia de uso también podemos concluir que existe una diferencia en la asociación temática de estos términos entre países. Así, los países del denominado «círculo externo», ilustrado en este capítulo mediante los datos de Ghana y Kenia, emplean las referencias a Sevilla en relación con una única temática, el fútbol. Por el contrario, los países del denominado «círculo interno», que en este capítulo hemos ejemplificado a través de los datos de Reino Unido e Irlanda, presentan una mayor diversidad de temas en referencia a Sevilla. De nuevo, más de la mitad de los casos en ambos países hacen referencia también al fútbol, pero también encontramos un número considerable de casos en relación con el turismo, la gastronomía, la política o el arte, entre otras temáticas abordadas.

Bibliografía

ASOCIACIÓN ESPAÑOLA DE LINGÜÍSTICA DE CORPUS (AELINCO) (s. f.): «Asociación Española de Lingüística de Corpus. Quiénes Somos». Disponible en: https://www.aelinco.es/es/quienes-somos [consulta: 30/11/2024].

DAVIES, Mark (2016-): «Corpus of News on the Web (NOW)» [en línea]. Disponible en: https://www.english-corpora.org/now/ [consulta: 30/11/2024].

KACHRU, Braj (1985): «Standards, Codification and Sociolinguistic Realism: English Language in the Outer Circle», en Randolph Quirk y Henry Widowson (eds.), *English in the World: Teaching and Learning the Language and Literatures*. Cambridge: Cambridge University Press, 11-36.

OXFORD UNIVERSITY PRESS (s.f.): «Oxford English Dictionary (OED)» [en línea]. Disponible en: http://www.oed.com/ [consulta: 18/11/2024].

REAL ACADEMIA ESPAÑOLA (s.f.): «Diccionario de la lengua española, 23.ª ed.» [versión 23.7 en línea]. Disponible en: https://dle.rae.es [consulta: 28/11/2024].

Latrinalia universitaria andaluza: la oralidad coloquial en el paisaje lingüístico de los baños universitarios sevillanos

María Méndez Orense
María Isabel Camarera Gómez
Marta Díaz Almenta
Juan Carlos Egea Adán
Lucía Postigo Guerrero
Universidad de Sevilla

1. LOS BAÑOS UNIVERSITARIOS COMO ESPACIO DE LIBERTAD EXPRESIVA

¿Por qué los estudiantes escriben en las paredes de los baños públicos universitarios? ¿Qué los lleva a dejar mensajes, dibujos y reflexiones en ese espacio tan particular?

En esta contribución presentamos los resultados de una investigación llevada a cabo en el año 2024, en el marco de la asignatura *El andaluz: historia y situación actual,* del plan de estudios del Grado en Filología Hispánica de la Universidad de Sevilla. El objetivo fue la elaboración de un corpus conformado por fotografías de pintadas hechas en las puertas y las paredes de los baños públicos de las instalaciones de la Universidad de Sevilla. La muestra nos permite observar cómo los estudiantes universitarios proyectan en la escritura, mediante la transgresión ortográfica, rasgos típicos de la inmediatez comunicativa y, entre ellos, rasgos característicos de la modalidad lingüística andaluza (en concreto, de la variedad sevillana). Se puede acceder al corpus completo a través de este enlace: https://online.fliphtml5.com/eyyir/tnaq/#p=17.

Para contextualizar nuestro estudio, es necesario introducir el concepto de paisaje lingüístico, que comprende «el conjunto de realizaciones lingüísticas que vemos por escrito en signos expuestos en un entorno público determinado» (Pons Rodríguez, 2012: 55). Según Landry y Bourhis (1997) el paisaje lingüístico (*Linguistic Landscape* en su denominación original en inglés) cumple dos funciones básicas: una *informativa,* centrada en proporcionar información práctica, y otra *simbólica*, que se relaciona con la reivindicación de la autoidentidad. Los carteles comerciales, los anuncios publicitarios de la vía pública o los grafitis son ejemplos de este tipo de manifestaciones que nos permiten estudiar cómo se usa y representa la lengua en el espacio público.

Existe una modalidad particular de paisaje lingüístico que ha recibido menor atención: la denominada *latrinalia*. Con este término, propuesto por el antropólogo Alan Dundes (1966), nos referimos específicamente a las pintadas e inscripciones que aparecen en las puertas y paredes de los baños públicos. La *latrinalia* puede considerarse una manifestación específica del grafiti, un tipo textual que históricamente ha servido como vehículo de expresión a voces que buscan hacerse visibles en el espacio público.

La particularidad de la *latrinalia* es que, aunque se produce en un espacio público, tiene un carácter íntimo. Los autores escriben sabiendo que serán leídos por otros, pero mantienen su anonimato. Esto crea una dinámica comunicativa que favorece no solo la expresión desinhibida y el consiguiente uso de variedades lingüísticas marcadas (formas que se alejan de la lengua estándar), sino también el desarrollo de un marcado componente lúdico y humorístico. El humor funciona como forma de entretenimiento y, al mismo tiempo, como herramienta de cohesión social: las respuestas ingeniosas, las parodias y los comentarios irónicos sirven para establecer vínculos grupales a través de códigos compartidos, en este caso, en el ámbito universitario. La *latrinalia* introduce, además, un componente de interactividad que recuerda al funcionamiento de las redes sociales actuales. Los usuarios pueden responder a mensajes previos, generando diálogos y debates que se desarrollan a lo largo del tiempo. Sin embargo, mientras que en las redes sociales siempre existe algún tipo de rastro digital, las pintadas en los baños

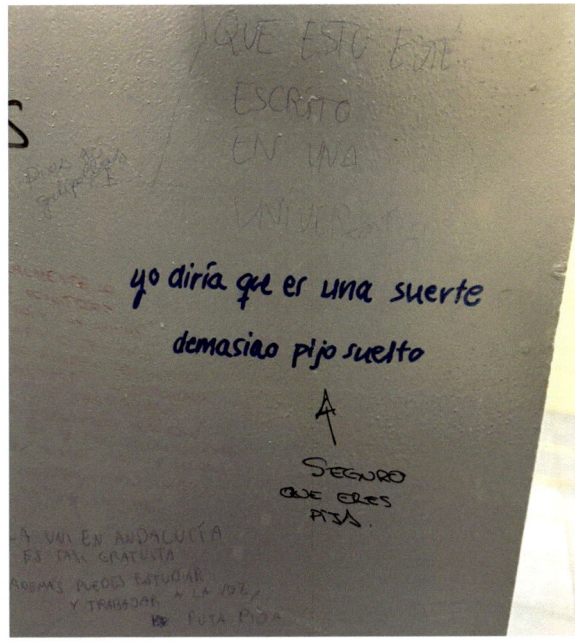

Ejemplo número 74
del corpus

ofrecen un anonimato completo que permite una expresión aún más libre y espontánea.

Una característica principal del paisaje lingüístico es su naturaleza efímera. En el caso de las pintadas que encontramos en los baños, estas pueden ser borradas o tapadas en cualquier momento por los servicios de limpieza. Esta temporalidad contrasta con el carácter «reglado» de otros tipos de paisaje lingüístico que están sujetos a normas de promoción y prevención lingüística. La *latrinalia* representa, en cambio, el paisaje «rebelde», ajeno a las políticas de control lingüístico (*cf*. Sáez/Castillo, 2012). La necesidad de documentar estos textos efímeros convierte la fotografía en una herramienta fundamental para su estudio. Las imágenes no solo preservan los mensajes antes de su inevitable desaparición, sino que nos permiten analizar cómo los rasgos del habla informal y dialectal se plasman en la escritura espontánea.

Los baños universitarios funcionan como un espacio de libertad expresiva donde las convenciones de la escritura formal se relajan. Este comportamiento resulta especialmente significativo si tenemos en cuenta que las universidades son espacios donde conviven hablantes jóvenes de nivel sociocultural medio-alto. Son, por tanto, usuarios de la lengua que dominan el registro estándar y formal, pero que eligen deliberadamente no utilizarlo en este contexto.

No se trata de una incapacidad para escribir correctamente, sino de una elección consciente que busca expresar autenticidad y cercanía. Los textos que encontramos en estos espacios reflejan la necesidad que tienen los jóvenes de diferenciarse de otros grupos sociales, especialmente del mundo adulto, creando un estilo de vida y un modo de comunicación compartidos que refuerzan su identidad grupal.

2. LA ORALIDAD EN LA ESCRITURA

Para comprender mejor el fenómeno de la *latrinalia,* resulta fundamental entender cómo los rasgos del habla cotidiana pueden trasladarse al medio escrito. Los romanistas alemanes Peter Koch y Wulf Oesterreicher (2007 [1990]) propusieron contemplar la distinción oralidad-escrituralidad en las lenguas desde una dimensión concepcional, no medial, y no considerarlas, en consecuencia, como equivalentes al canal fónico y al canal gráfico, respectivamente. De esta forma, podemos encontrar textos que, si bien utilizan el canal gráfico, se construyen desde la concepción del habla espontánea y coloquial (el caso más claro son los mensajes de texto o comentarios de carácter familiar que se intercambian por wasap y las redes sociales). Si bien nos encontramos ante textos híbridos, las inscripciones de los baños universitarios son un ejemplo del fenómeno de la oralidad en la escritura: han sido producidos en unas circunstancias comunicativas que están condicionadas por parámetros situacionales que Koch y Oesterreicher asocian con la inmediatez comunicativa (espontaneidad, informalidad, expresividad e implicación emocional), que se contraponen a los condicionantes propios de la distancia comunicativa (alto nivel de planificación, formalidad, etc.). En concreto, los usuarios llevan a cabo una imitación o mímesis intencionada de la oralidad (véase Del Rey, 2019: 285) para lo que recurren a estrategias de plasmación de lo oral que conllevan, en ocasiones, una transgresión de las convenciones ortográficas de la lengua española.

De acuerdo con el modelo del espacio variacional históricoidiomático entre inmediatez y distancia comunicativas, Koch y Oesterreicher sostienen que existe una imbricación entre el eje inmediatez-distancia comunicativa y las variedades diasistemáticas de la lengua (variedad diatópica = geográfica; variedad diastrática = condicionada por factores sociales; variedad diafásica = de registro), de manera que, en el grueso de los hablantes de una lengua, cuanto mayor sea la inmediatez comunicativa, mayor será la presencia de fenómenos diatópicos fuertes, diastráticamente bajos y diafásicamente coloquiales. A la inversa, a mayor distancia comunicativa, menor presencia de dichos rasgos, siempre y cuando no concurran factores adicionales, como el hecho de que el hablante sea de extracción social baja y carezca, por tanto, de un dominio suficiente de las formas lingüísticas a las que se da preferencia en situaciones de distancia.

En el caso de las pintadas universitarias que encontramos en los baños públicos de las instalaciones de la Universidad de Sevilla, la inmediatez se manifiesta en la representación de rasgos lingüísticos marcados en el diasistema del español como dialectales, coloquiales y, en algunos casos, vulgares. Como ha puesto de relieve la bibliografía, la mayor parte de las características idiosincrásicas del andaluz tiene que ver con su pronunciación (Narbona Jiménez, Cano Aguilar y Morillo-Velarde, 2011 [1998]: 22) y, pese a que en los últimos años han surgido reivindicaciones, difundidas por algunos medios de comunicación, en torno a la necesidad de escrituralizar la modalidad lingüística andaluza, incluso mediante la implantación de una escritura propia diferenciada (véase Del Rey Quesada y Méndez García de Paredes, 2022), la gran mayoría de las pintadas que se encuentran en los baños siguen la norma ortográfica del español. Solo en algunos casos (y estos son los ejemplos que nos interesa analizar), los autores deciden deliberadamente romper las convenciones ortográficas y representar las variantes marcadas mediante usos gráficos no normativos. También nos interesan aquellas pintadas que recogen construcciones morfosintácticas o léxicas que se vinculan a la modalidad lingüística andaluza.

3. ANÁLISIS DE LAS PINTADAS DE LOS BAÑOS

La muestra se compone de 89 fotografías que se tomaron en los baños de todas las facultades del campus de la Universidad de Sevilla durante los meses de marzo y abril de 2024. Tal y como se ha indicado en el apartado anterior, solo hemos recogido aquellas pintadas que representan variantes de la inmediatez comunicativa cuya traslación al canal gráfico tiene repercusiones ortográficas, o bien usos gramaticales o léxicos que tienen una especial vinculación con las hablas andaluzas. Es preciso señalar que en la mayor parte de los mensajes predominan los usos propios de la inmediatez comunicativa sin que estos lleguen a reflejarse en un modo de escritura no normativo.

3.1. Género y distribución espacial. ¿Quién escribe? ¿Dónde se escribe?

Los resultados de nuestro análisis revelan patrones interesantes en cuanto a la distribución de las pintadas. Desde el punto de vista del género, los baños masculinos recogen el mayor número de muestras, representando estas casi el 50 % del total registrado (43/89). Le sigue el conjunto de muestras recabadas de baños femeninos (30/89) y, finalmente, una cifra inferior de muestras en lavabos unisex (16/89), los cuales están concentrados en la Facultad de Bellas Artes.

En cuanto a la distribución por facultades, existe un claro predominio de las pintadas en los centros dedicados a humanidades, arte y ciencias sociales (85 muestras: Bellas Artes [25/89], Rectorado [18/89], Comunicación [15/89], Psicología y Filosofía [15/89]) frente a una presencia casi testimonial en las facultades de ciencias, salud e ingenierías (apenas 4 muestras: Matemáticas [2/89], Farmacia [1/89] y Biología [1/89]). Este contraste parece sugerir que la *latrinalia* como forma de expresión está estrechamente vinculada a determinadas culturas académicas.

3.2. Temas y motivaciones. ¿Sobre qué se escribe?

El análisis temático de las pintadas revela una rica variedad de contenidos y motivaciones. La categoría más frecuente es la *reflexiva* (20/89), donde los rasgos de la inmediatez comunicativa aparecen en breves meditaciones de carácter espontáneo (ejemplo 62: *Puedes sacar estos exámenes palante. Ánimo;* ejemplo 78: *Vive, coño que te vas a morí*). Estas reflexiones, lejos de ser elaboradas, parecen capturar pensamientos que adoptan en su forma escrita la misma naturalidad que tendrían en una conversación informal. Además, si partimos del tipo de destinatario potencial deducible (y se debe comprender que es «deducible» porque la escritura en lavabos supone un medio de comunicación diferida en el que el emisor no tiene constancia plena del futuro usuario que interprete su pintada), este está comprendido como colectivo que participa culturalmente de una serie de espacios cognitivos comunes al del resto de la comunidad juvenil universitaria, por lo que es lógico afirmar que las muestras lingüísticas concurran formal y gráficamente de la misma manera en que el estudiantado se comunica entre sí día a día. Otras categorías temáticas incluyen:

— *Vituperio* (14/89): textos de crítica o en los que la carga emocional favorece el uso de rasgos de la inmediatez comunicativa (ejemplo 76: *Sois mu pesadas con Taylor Swift escuchen a Anuel*).

— *Música* (11/89): letras de canciones que reproducen mediante ciertas pautas gráficas la variedad lingüística del artista, que puede ser andaluza o una variedad que comparte con esta rasgos de pronunciación meridionales (ejemplo 60: *Súbele mambo pa' que mi gata prenda los motores*).

— *Publicidad o divulgación* (9/89): se promueven perfiles de redes sociales que difunden la cultura andaluza y que dan a su contenido una caracterización lingüística meridional (ejemplo 33: *jartura,* en alusión al blog https://jarturacolectivo.wordpress.com/).

— *Fútbol* (8/89): los hablantes recurren a expresiones (ejemplo 51: *musho beti*) y unidades léxicas (ejemplo 55: *biris norte*) propias del discurso de los aficionados a los dos equipos de mayor éxito en la capital hispalense: el Real Betis Balompié y el Sevilla Fútbol Club.

— *Escatológica* (8/89): tratamiento de temas vinculados a los excrementos, la micción y los baños en general (ejemplo 48: *cagaero oficial de económicas*).

— *Compromiso social y política* (7/89): mensajes que utilizan los usos lingüísticos de la inmediatez como mecanismo para conectar mejor con el potencial destinatario al transmitirle información de interés para el ciudadano o de carácter político (ejemplo 69: *Soberanía populah*).

— *Meme* (5/89): pintadas que reproducen memes (un tipo de discurso humorístico que se difunde a través de Internet) ampliamente difundidos y conocidos por la comunidad universitaria (ejemplo 68: *Haber estudiao...*).

— *Folclore* (3/89): mención a tradiciones culturales (ejemplo 3: *Rebujito porfa y croquetas*).

— *Erótica* (3/89): alusiones al placer sexual o a zonas erógenas de la anatomía (ejemplo 36: *Pecho fríos. Pessi*).

— *Banalidad* (1/89) (ejemplo 54: *po toma*).

También se ha clasificado el soporte y el material con el que se ha efectuado la escritura. La mayoría de las pintadas examinadas se ha realizado a mano (81/89). El resto de muestras se plasma en formato impreso (en pegatinas que incluyen, por ejemplo, un código QR que ofrece más información a la persona interesada).

Los instrumentos de escritura preferidos por los usuarios son aquellos que ofrecen mayor perdurabilidad: rotulador (47/89), bolígrafo (29/89), impresión (8/89), grabado hecho con un punzón, compás o similar (4/89) y, por último, lápiz (1/89).

3.3. Rasgos lingüísticos. ¿Cómo se escribe?

En el plano lingüístico, nuestro análisis revela una selección consciente de rasgos propios de la inmediatez comunicativa (algunos con marca dialectal) que se representan en la escritura mediante usos gráficos no normativos. Los fenómenos fonéticos que más se documentan no se restringen exclusivamente a las variedades meridionales, sino, más bien, son rasgos de inmediatez comunicativa con alcance panhispánico, esperables en un contexto de distensión y privacidad como son las pintadas de los lavabos. Los usuarios eligen representar estos rasgos y no otros casi con toda probabilidad presentes en su habla (como la articulación no alveolar de /s/ o el yeísmo) porque buscan resaltar la divergencia con respecto a la norma estándar del español peninsular. Dicho con otras palabras: plasman en la escritura los rasgos que perciben como más característicos o distintivos de su variedad.

— El fenómeno más representado es la elisión de -*d*- en posición intervocálica. Este rasgo fonético no es originario ni exclusivo del habla de Andalucía, si bien goza de gran aceptación social dentro de esta comunidad. Es un fenómeno muy extendido en España y en varios puntos de Hispanoamérica. La pérdida de /d/ se da en participios y adjetivos con la terminación -*ado* (ej. 8 y 14: *studiao, plateao*), en sustantivos con otras terminaciones (ej. 21: *cagaeros*) y en palabras donde la caída produce una asimilación vocálica que en el corpus hemos encontrado representada mediante un apóstrofe (ej. 75: *mirá > mirada*).

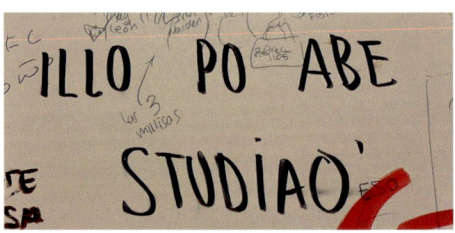

Ejemplo 8

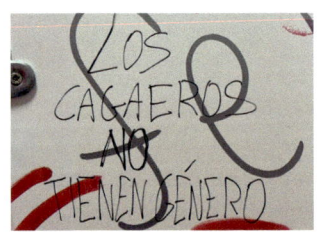

Ejemplo 21

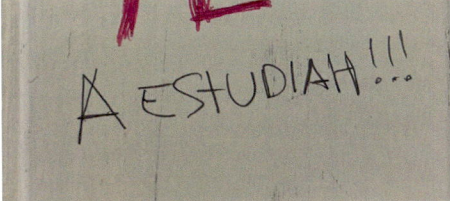

Ejemplo 14

Ejemplo 75

— Pérdida de consonante en posición final. En las hablas andaluzas la relajación o la pérdida total de consonante final (*-d,
-r, -z*) se produce de forma más intensa y generalizada que
en el castellano del centro-norte peninsular. Las soluciones
gráficas que se dan a la articulación relajada de, por ejemplo,
la *-r* final son la elisión (ej. 16: *mala muje!!!*) y la representación de la grafía h, que marca una aspiración (ej. 66: *A estu-
diah*). La pérdida de *-d* final puede marcarse con un signo
diacrítico en la vocal final (ej. 84: *Salú y libertá, bendita anarquía* [texto tomado de la canción «Señores en el Brunch», de
Kase O. y SFDK]). También se registra en numerosas ocasiones la apócope de para > pa (ej. 4: *Me colé aquí desde Cádiz
pa' mear*), uso propio de la inmediatez comunicativa en todo
el mundo hispánico.

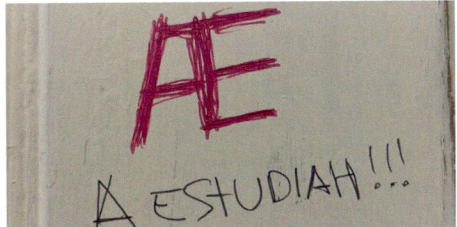

Ejemplo 16

Ejemplo 66

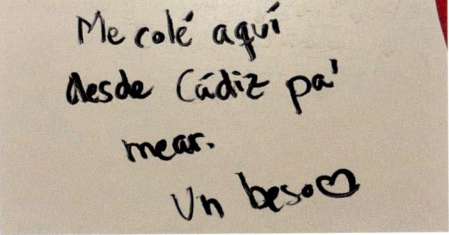

Ejemplo 84

Ejemplo 4

— La aspiración o pérdida de -s en posición implosiva (*los niños > loʰ niñoʰ / lo niño*) es uno de los pocos fenómenos que abarca toda la modalidad lingüística andaluza. En concreto, la aspiración parece haber adquirido una cierta estabilización y un estatus de ejemplaridad, por lo que, a pesar de ser un rasgo diatópicamente marcado desde la perspectiva del español estándar, es habitual que los usuarios del geolecto andaluz, incluidos los de nivel sociocultural alto, lo mantengan incluso en situaciones de distancia comunicativa. En cuanto a las soluciones gráficas que las pintadas de los baños dan a este fenómeno fonético, cabe resaltar que en todos los casos el hablante opta por eliminar la grafía (ej. 64: *chavale* por *chavales*; ej. 70: *cervezas fria* por *cervezas frías*; ej. 1: *os echo d meno* por *os echo de menos*). Curiosamente, a diferencia del tratamiento que se daba a la articulación relajada de -r, no hay muestras en las que la grafía *h* se utilice al final de palabra para marcar la aspiración. Tampoco se documenta ninguno de los efectos articulatorios que la aspiración o pérdida de -s implosiva puede tener en las consonantes contiguas (asimilación, articulación aspirada). En el corpus analizado por Pons Rodríguez (2012: 243-244) la caída de -s se da únicamente en un contexto involuntario. En nuestro corpus, en cambio, los estudiantes representan este andalucismo fónico de manera deliberada.

   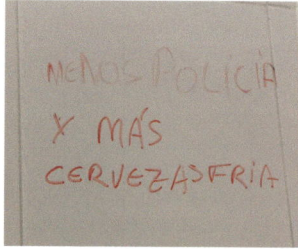   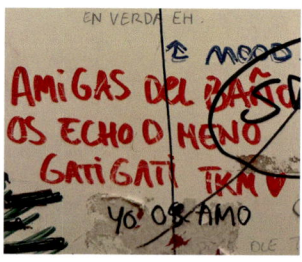

Ejemplo 64   Ejemplo 70   Ejemplo 1

— Indistinción /s/-/ɵ/ (seseo / ceceo). A pesar de que a mediados del siglo XX el seseo estaba plenamente extendido en la ciudad de Sevilla, en la actualidad el sociolecto alto sevillano muestra una preferencia por la distinción entre los sonidos /s/ (*solo*) y /ɵ/ (escrito con c o z: *cielo, zona*) (Santana Marrero, 2016). El ceceo (*curso > curzo*) es una variante estigmatizada en la ciudad de Sevilla y es, en cambio, más habitual en otras áreas lingüísticas, como en la variedad lingüística jerezana (Harjus, 2018). Ambos fenómenos están poco representados en el corpus. Detectamos el uso de la grafía *s* en contextos de *c* (ej. 22: *morsilla* por *morcilla*; ej. 51: *opsión* por *opción*; ej. 67: *Andalusia* por *Andalucía* [en ambas imágenes se puede comprobar que el tramo inferior de la *s* parece ser un añadido posterior de algún otro usuario]) y un empleo ceceante de *z* en un caso claro de hipercaracterización fonética, puesto que se representa en un contexto donde el hablante de forma habitual aspiraría el sonido (ej. 13: *azco* por *asco*). No se documentan realizaciones heheantes:

Ejemplo 37

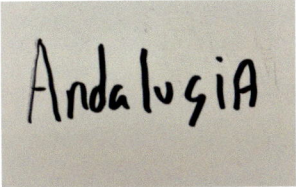

Ejemplo 2   Ejemplo 67   Ejemplo 13

— También se registran fenómenos diatópicos más estigmatizados que generan marcas diastráticas vulgares en el diasistema del español. Es el caso de la neutralización de *-l/-r* en posición final de sílaba (*olvido > orvido*), más extendido en la norma andaluza occidental, la fricatización o articulación relajada de /t͡ʃ/ (*ch: coche, mucho > coshe, musho*), la aspiración de *f-* inicial latina (*jarto = harto* < latín FARTUS) y las monoptongaciones (*muy > mu*). Es interesante que los dos primeros fenómenos se hayan atestiguado en mensajes cuyo contenido se refiere al equipo de fútbol Real Betis Balompié de la ciudad de Sevilla (*viva er Betis / Musho Beti*). Tal y como han apuntado Villena y Ávila (2014), el uso de determinados rasgos dialectales funciona como mecanismo de construcción y refuerzo de la identidad social, en concreto, como indicador de cohesión grupal. Los hablantes fortalecen sus vínculos con el grupo gracias a y a través del uso lingüístico y, al mismo tiempo, manifiestan su actitud de lealtad hacia lo local. La aspiración de *f-* inicial latina se ha registrado en léxico derivado del étimo FARTUS, que se representa con una grafía *j* inicial (*jartá, jartura* por *hartada, hartura*). Por otro lado, la principal monoptongación que se encuentra es la del marcador *pues > po(s)*, que se emplea con y sin la grafía *-s* en posición final.

Ejemplo 59

Ejemplo 71   Ejemplo 51   Ejemplo 25   Ejemplo 29

— La pronunciación aspirada de /x/ (*juntos > huntos*) es un rasgo extendido en las hablas andaluzas occidentales que goza de un prestigio medio-alto. El corpus recoge una única pintada que registra en el canal gráfico este fenómeno mediante el empleo de la grafía *h* (ej. 15: *t'imahina?* por *¿te imaginas?*):

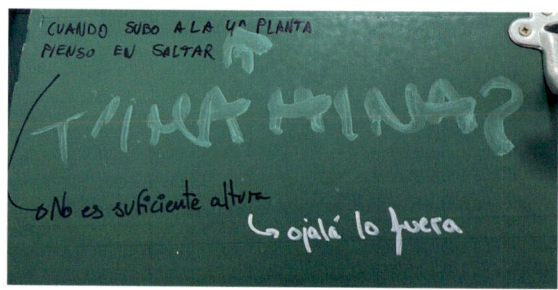

Ejemplo 15

— El habla andaluza no tiene una gramática diferenciada de la del español general. Sin embargo, sí presenta algunos usos gramaticales que aportan matices expresivos ausentes o menos habituales en otras variedades del español, aunque su distribución, frecuencia y nivel de aceptación social varían según la zona, grupo social o registro. En nuestro corpus encontramos, en primer lugar, el uso del vocativo *illo*, acortamiento lexicalizado de *chiquillo/a* (ejemplo 1). En el ejemplo (24) el uso del infinitivo con valor de imperativo (propio de la interacción coloquial en español) y del verbo *escuchar* como pronominal interfiere con el empleo del pronombre personal *se* en posición enclítica (*escuchar<u>se</u>*), cuya presencia está relacionada con la sustitución del pronombre *vosotros* por *ustedes* en combinación con formas verbales de la segunda persona del plural (*ustedes vais* por *vosotros vais*), que aún mantiene cierta vitalidad, como un uso característico de la inmediatez comunicativa, en Andalucía occidental. También documentamos un interesante caso de posesivo enfático (*viva el potaje con <u>su</u> chorizo, <u>sus</u> alubias [...]*), fenómeno que, si bien es habitual, tampoco es exclusivo de las hablas meridionales.

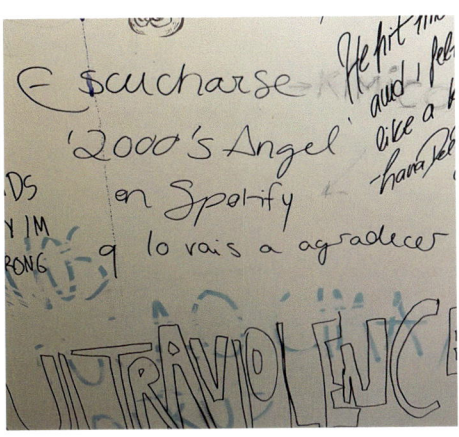

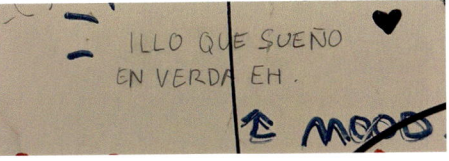

Ejemplo 1

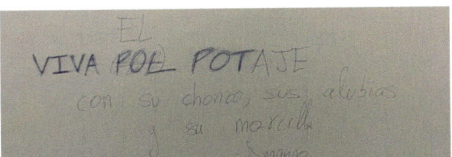

Ejemplo 24   Ejemplo 41

Los estudios sociolingüísticos han demostrado que los jóvenes de nivel sociocultural alto suelen liderar los procesos de convergencia hacia el estándar (Villena Ponsoda, 2008). El uso gráfico deliberado y consciente de rasgos de la inmediatez comunicativa (dialectales, vulgares, coloquiales) parece cumplir, en este caso, una función identitaria y reivindicativa (fenómeno que los estudios de Sociolingüística denominan *indexicalidad*).

CONCLUSIONES

El análisis de la *latrinalia* universitaria sevillana revela que la representación de ciertos usos lingüísticos en el entorno de los baños universitarios responde a un intento de imitar (incluso, de hipercaracterizar) la oralidad coloquial. La producción de los mensajes, aunque es anónima, se lleva a cabo a partir de unas coordenadas situacionales que se asocian a la inmediatez comunicativa, como la familiaridad y la espontaneidad, lo que, junto a la intencionalidad de los usuarios de generar un espacio de complicidad y cohesión grupal, favorece la selección consciente de variantes lingüísticas diatópicamente fuertes, diastráticamente bajas y diafásicamente coloquiales.

Los fenómenos gráfico-fónicos más representados en el corpus son usos coloquiales que, si bien pueden tener una mayor incidencia en las variedades meridionales del español, son comunes a otras variedades de la lengua: pérdida de *-d-* en posición intervocálica, apócope de consonante o sílaba final y monoptongaciones. El uso de rasgos diatópicamente marcados más cercanos a la norma andaluza occidental y algunos de los cuales, a su vez, pueden generar marcas diastráticas vulgares en el diasistema del español (pérdida de *-s*, indistinción *s/θ*, neutralización *l/r*, aspiración de */x/*, fricatización de *ch*) es más limitado y parece vincularse a una reivindicación identitaria en el marco del sociolecto juvenil.

El análisis muestra también patrones de distribución significativos:

1. Distribución por facultades: los centros de humanidades presentan mayor experimentación con estos recursos de la inmediatez comunicativa, mientras que las facultades de ciencias muestran un uso más limitado.

2. Diferencias de género: la expresión de esta identidad sociolectal juvenil varía según el género. Los baños masculinos tienden al humor escatológico y los femeninos a la reflexión personal. No obstante, en ambos casos se mantiene el uso de rasgos marcados como elemento cohesionador.

3. Hibridación lingüística: los rasgos de la inmediatez comunicativa se combinan con elementos del lenguaje digital

y referencias a la cultura juvenil, creando un estilo característico que refleja las múltiples facetas identitarias de los escribientes.

Los materiales recopilados constituyen un valioso recurso para estudiar cómo los hablantes cultos manipulan conscientemente diferentes variedades de lengua según sus propósitos comunicativos. Este corpus muestra que la *latrinalia* universitaria es un espacio donde la transgresión de la norma estándar es deliberada y cumple funciones identitarias específicas dentro del sociolecto juvenil universitario.

Bibliografía

DEL REY QUESADA, Santiago (2019): «Variantes de la oralidad elaborada en la segunda mitad del siglo XIX: dos traducciones coetáneas de *Los Cautivos* de Plauto», *Oralia,* 22(2), 283-326.

DEL REY QUESADA, Santiago y MÉNDEZ GARCÍA DE PAREDES, Elena (2022): «Traducción y normalización lingüística o el triunfo de la divergencia a la fuerza: el caso de *Le petit prince* andaluz», *Nueva Revista de Filología Hispánica,* 70(1), 53-94. https://doi.org/10.24201/nrfh.v70i1.3784

DUNDES, Alan (1966): «Here I Sit. A study of American Latrinalia», *The Kroeber Anthropological Society Papers,* 34, 91-105.

HARJUS, Jannis (2018): *Sociofonética andaluza y lingüística perceptiva de la variación: el español hablado en Jerez de la Frontera.* Madrid / Frankfurt am Main: Iberoamericana / Vervuert.

KOCH, Peter y OESTERREICHER, Wulf (2007 [1990]): *Lengua hablada en la Romania: español, francés, italiano.* Traducción al español de Araceli López Serena. Madrid: Gredos.

NARBONA JIMÉNEZ, Antonio, CANO AGUILAR, Rafael y MORILLO VELARDE-PÉREZ, Ramón (2022³ [1998]): *El español hablado en Andalucía.* Sevilla: Editorial Universidad de Sevilla (Colección Lingüística, n.º 39). Disponible en: https://editorial.us.es/es/detalle-libro/719180/el-espanol-hablado-en-andalucia

PONS RODRÍGUEZ, Lola (2012): *El paisaje lingüístico de Sevilla. Lenguas y variedades en el escenario urbano hispalense.* Sevilla: Diputación de Sevilla.

SÁEZ RIVERA, Daniel M. y CASTILLO LLUCH, Mónica (2012): «The Human and Linguistic Landscape of Madrid (Spain)», en Christine Hélot *et al.* (eds.), *Linguistic Landscapes, Multilinguilism and Social Change.* Bern: Peter Lang.

SANTANA MARRERO, Juana (2016): «Seseo, ceceo y distinción en el sociolecto alto de la ciudad de Sevilla: nuevos datos a partir de los materiales de PRESEEA», *Boletín de Filología,* 51(2), 255-280.

VILLENA PONSODA, Juan Andrés (2008): «Sociolinguistic patterns of Andalusian Spanish», *International Journal of the Sociology of Language,* 193-194, 139-160.

VILLENA PONSODA, Juan Andrés y ÁVILA MUÑOZ, Antonio M. (2014): «Dialect stability and divergence in southern Spain. Social and personal motivations», en Kurt Braunmüller *et al.* (eds.), *Stability and Divergence in Language Contact: Factors and Mechanisms.* Ámsterdam: John Benjamins, 207-238.

Al-Mu'tamid, el rey poeta en nuestros días

Rocío Rojas-Marcos Albert
Universidad de Sevilla

1. Al-Mu'tamid proyectado en el tiempo

Hay figuras históricas que trascienden más allá de la propia narrativa de su tiempo, se convierten en personajes a través de los que podemos conocer no solo el momento que les tocó vivir, sino la complejidad social en la que se enmarcan y, rastreando su legado hasta nuestros días, encontrarnos con una figura que se convierte en metonimia de su tiempo y símbolo de toda una ideología. Así, Al-Mu'tamid, el conocido rey poeta de Sevilla, se ha convertido en una de esas figuras constantemente evocadas. Desde su tiempo, mientras vivía las hazañas que nos han llegado, sus historias iban siendo recogidas por escrito, acumuladas y contadas mil y una veces para ensalzar a este insigne rey y recordarlo como mito de la pasión poética amorosa y el dominio de la palabra, además de aguerrido guerrero y trágico prisionero muerto en el destierro de tierras africanas. Su vida fue una constante fuente literaria mientras la vivía y aún hoy en pleno siglo XXI nombrar a Al-Mu'tamid, el Almutamid castellanizado, es sinónimo de vida aciaga, de poesía y de amor arrebatado. En estos párrafos intentaremos poner en proyección esa vida y su trascendencia hasta nuestros días a partir del hallazgo de unos artículos dedicados al ínclito rey sevillano que se publicaron en el diario *España* de Tánger entre febrero y abril de 1940. Estos textos valen para reflexionar sobre aquello que Eric Calderwoor propone en su obra *Al-Ándalus en Marruecos* (2019), entender al-Ándalus como una idea maleable en su forma y en su fondo, como un concepto más allá del espacio geográfico y el tiempo histórico, que sirve a dos proyectos ideológicos contrarios: por un lado a los nacionalistas marroquíes para asentar las bases de su historia nacional y, por otro, a los colonialistas españoles para justificar la necesidad de ocupar el territorio marroquí enarbolando la bandera del pasado común (19). Es en este maremágnum de conceptos cruzados donde la figura de Al-Mu'tamid se nos presenta como metonimia de todo ese tiempo andalusí indispensable para ambas posiciones

La bibliografía dedicada a este rey de la taifa de Sevilla es extensa. Su figura, como apuntaba, tuvo tanta importancia en su momento que desde mitad del siglo XI, hasta nuestros días el rosario de referencias y obras dedicadas a su figura es inagotable. Ahora bien, no todas abordan con la misma seriedad científica la labor de investigación desde el punto de vista que nos interesa en estas páginas, de ahí que vayamos a basarnos en la obra ya citada de Calderwood (2019) y muy especialmente en el trabajo realizado por la profesora Pilar Lirola Delgado, *Al-Mu'tamid y los Abadíes. El esplendor del reino de Sevilla (s. IX)* (2011) un exhaustivo trabajo de investigación histórica y literaria que aporta una mirada global de tan insigne rey sevillano. Así, cada una de las distintas piezas que podamos analizar de esta figura no serían nada por sí solas para comprender al rey poeta en su dimensión completa, de ahí la importancia de esta visión de conjunto para comprender la figura y su tiempo como un todo indisoluble. El siglo XI andalusí, el desenlace de su reino, la llegada de los almorávides a la península, la sublimación poética de su tiempo o la tristeza del desterrado que llora desde su celda no serían los mismo sin la figura central de Al-Mu'tamid, en torno al que orbitan todos estos aspectos que han viajado en el tiempo, adquiriendo una dimensión contemporánea de gran interés para comprender los derroteros por los que las ideas nacionalistas y colonialistas han resistido y han llegado hasta nosotros.

2. SER Y VIVIR LA POESÍA. BREVES APUNTES BIOGRÁFICOS

No se tiene certeza de la fecha de nacimiento de nuestro insigne protagonista. Ibn Bassam en su *Dajira* apunta el 19 de diciembre de 1039, mientras que al-Dabbi dice que fue entre el 9 de noviembre y el 8 de diciembre de 1040 (Lirola, 2011: 109). En cualquier caso, año arriba, día abajo, la fecha no es tan importante como el momento histórico que le tocó vivir, pues la *fitna* andalusí (1009-1031), la llamada guerra civil, supuso el deterioro hasta la desaparición del califato cordobés tras la época de control del todopoderoso Almanzor y la fragmentación del territorio hasta en unos treinta reinos independientes que multiplicaron las cortes y los deseos de poder, pero dividieron la fortaleza frente a las fuerzas que descendían de las regiones del norte de la Península. Este debilitamiento tuvo como consecuencia la llegada de los almorávides a territorio andalusí. Un cambio drástico en la sociedad del momento y el arrebatamiento definitivo del control de las zonas que aún se conservaban, que pasaban a manos norteafricanas. En ese contexto, el *qadí* Abu l-Qasim, juez de la ciudad de Sevilla, logra el apoyo de los ciudadanos, cansados de la debilidad de los gobernantes hamudíes al cargo de la región sevillana durante ese tiempo, por lo que se declara independiente de Córdoba. Nace entonces el Reino de Sevilla en 1023, un territorio que pasó de ocupar una superficie menor a la de la provincia de Sevilla actualmente (Lirola: 45) hasta llegar a ser en tiempo de sus sucesores –Al-Mu'tadid y al-Mu'tamid– el reino más poderoso, extendiéndose desde el Algarve, hasta parte de Toledo por el norte y Murcia por el este. Estos reinos de taifas nacieron con las ínfulas de llegar a ser pequeñas *Córdobas* en todos los aspectos, de ahí que la tan traída y llevada debilidad de esta época no la encontremos si nos paramos a analizar el desarrollo literario y artístico alcanzado. Los mejores poetas de su tiempo, los mejores músicos o las esclavas cantoras más cotizadas se movían por los reinos en busca del mejor postor y, durante algunas décadas, ese estuvo en Sevilla. Tras la muerte de Abu-Qasim, sería su hijo, conocido como Al-Mu'tadid, quien con veinticinco años accediese al trono. Las crónicas nos lo presentan como un hombre cruel, despiadado con sus enemigos, aunque este fuese su propio hijo mayor Isma'il, a quien mató acusado de traidor, pero también aficionado a la buena poesía y a las reuniones poéticas habituales de su tiempo. Una corte que disfrutaba de las melodías poéticas de los versos, pero cortaba cabezas de enemigos que servían de maceteros, como las famosas *Testa di moro* sicilianas (Lirola: 77).

Tras un reinado que suele calificarse de agresivo, ambicioso y sin escrúpulos, pues llegó a ser conocido como «asolador de tierras y capturador de rivales» *(Ídem)*, su final fue rápido para una figura tan soberbia. Tenía apenas 50 años cuando murió y fue sustituido en el cargo de rey de Sevilla y príncipe de los creyentes en marzo de 1069 por su hijo, nuestro protagonista de estas páginas, Al-Mu'tamid.

Nuestro rey poeta de Sevilla había nacido, en fecha incierta como ya apuntábamos, en la ciudad portuguesa de Beja, territorio perteneciente al Reino de Sevilla desde casi una década antes de su nacimiento. Los años de infancia y primera adolescencia los vivó entre esta ciudad del Algarve portugués y la propia capital del reino. De lo que sí tenemos constancia por las crónicas es de que recibió una esmerada educación, a través de la que desarrolló un gusto por el refinamiento estético que lo convirtió en uno de los mejores poetas de su tiempo. Era muy joven Al-Mu'tamid cuando en el año 1049, atraído por el poder y el mecenazgo sevillano, llegó a la corte de su padre, el destacado poeta Ibn Zaydun. Maestro indiscutible del arte poético con quien el joven príncipe establecería una intensa amistad marcada por el aprendizaje de la máxima expresión artística en árabe, la poesía.

Con tan solo 12 años fue nombrado por su padre regidor de Huelva, Saltés y otras zonas del Algarve incluyendo Silves, donde tendría su sede de gobierno. Allí fue enviado el joven príncipe y allí conoció a una figura clave para su vida: el poeta Ibn 'Ammar. Parece que la vida alejada de los poderosos tentáculos de su padre lo liberó y, sabiéndose en plaza segura, se dedicó a cultivar la vida disoluta de aventuras y juergas en la que fue introducido por Ibn 'Ammar. Las fuentes informan de esta relación con ambigüedad, aunque no hay más que leer entre líneas, como apunta Valdivieso (2024: 271-278), para entender la naturaleza de su relación y lo que significó para Al-Mu'tamid. No solo poesía aprendió el príncipe con este autor reconocido en su tiempo, sino el amor y la pasión de la juventud basada en la fascinación por el hombre mayor, valiente y luchador que representaba Ibn 'Ammar para el joven príncipe. Fueron inseparables durante años, Al-Mu'tamid se encargó de que así fuese nombrándolo visir una vez que ascendió al trono.

Tenía solo 22 años cuando heredó la corona paterna, por tanto, todo ese vínculo amoroso y pasional que estamos apuntado tuvo lugar siendo muy joven, de ahí que marcase profundamente el carácter del futuro rey poeta sevillano. Estaban siempre juntos, salían a pasear, se divertían juntos. Conocidas son las anécdotas que se cuentan de esos paseos. Historias a medio camino entre la desfachatez de la juventud para reírse de los demás y el abuso de poder del joven príncipe alardeando frente a su adorado Ibn 'Ammar. Estampas recogidas en las crónicas de su tiempo que sirven de prolegómeno al final dramático que sufrieron ambos. Pero entre tanto, siendo aún muy joven, nos ha llegado la historia de cuando conoció a la mujer de quien se enamoró perdidamente mientras paseaban por la orilla del río Guadalquivir y ella terminó lo versos que andaban componiendo al alimón Al-Mu'tamid e Ibn 'Ammar. La historia de amor con Rumaykiya, la 'Itimad de sus poemas, ha trascendido la historia de la literatura a través de los siglos y ha sido utilizada como ejemplo de amor modélico, cargado de pasión, devoción y ternura a partes iguales. Una leyenda sobre su historia de amor aparece recogida en el cuento XXX del *Libro de los ejemplos del conde Lucanor*, «De lo que aconteció al rey Abenabed de Sevilla con su mujer Ramaiquía», en el que don Juan Manuel a mediados del siglo XIV se hace eco de este amor real. También aparecen recogidos algunos de los poemas de Al-Mu'tamid en las noches 180 y 866 de *Mil y una noches*. Que estos relatos aparezcan ahí incluidos, en dos obras universales fundamentales de la literatura de su tiempo, nos permite entender la dimensión que el personaje de Al-Mu'tamid adquirió en su vida y de entonces en adelante.

Su figura no se diluyó con el paso del tiempo, bien al contrario, las leyendas en torno a sus hazañas y sus amores se fueron engrandeciendo. Dicho esto, no podemos pasar por alto que, bien leídas las historias que nos han llegado, más allá de las verdades amorosas que pueda contener, parecen un relato que intenta desdibujar esa relación conflictiva con Ibn 'Ammar, demostrar la hombría del rey a través de su apasionado amor y devoción por una mujer. Y junto a esto, el personaje de Rumaykiya se nos presenta como el de una mujer de una belleza extraordinaria, además de inteligente y rápida en sus reacciones. Pero nos ofrecen una mujer que se ajusta a esos personajes literarios peligrosos, a esas Sherezades poderosas que manejan a su capricho a los hombres que las rodean para conseguir lo que se proponen, aunque eso suponga un despilfarro de esfuerzo y dinero como, por ejemplo, la historia recogida en el cuento del *Conde Lucanor*.

Estamos, por tanto, frente a una lectura de múltiples caras en la que cada uno de los personajes que intervienen se va iluminando de diferente manera según donde pongamos el foco. Otra de las cuestiones que se plantean ante la relación entre Al-Mu'tamid, Ibn 'Ammar y Rumaykyia es la de la rivalidad entre los dos últimos por la cercanía y los favores del rey. Los celos son el principal motor literario desde el principio de los tiempos y nuestros tres personajes en su vida real hicieron honores a ese motivo literario. La rivalidad entre Ibn 'Ammar y Rumaykiya sería notoria desde la aparición de la mujer en escena y la arrebatadora fascinación del rey poeta por ella, a pesar de que las decisiones que fue tomando Al-Mu'tamid demostraban la confianza que depositaba en Ibn 'Ammar. Esto se hace evidente al conocer aquellos cargos para los que fue designado: lo nombró visir y le confió el gobierno de Silves, entre otros. Entendemos que el rey

lo quería cerca suya, confiaba en él para el gobierno, sobre todo demuestra la estima en la que lo tenía. Valga, de ejemplo, la conocida
historia de la partida de ajedrez en la que el enviado del reino de Sevilla, a la sazón, Ibn 'Ammar, se jugó en una partida de ajedrez contra Alfonso VI de León sus intentos de avance hacia la taifa de Sevilla.
Una decisión de ese calibre fue puesta en manos de Ibn 'Ammar, por
lo que la confianza del rey en su querido visir era plena. Ibn 'Ammar
ganó la partida de ajedrez, ahora bien, como concluye Daniel Valdivieso (2024: 165-169), fue una victoria envenenada, pues, aunque se
cuenta como gran triunfo, supuso el pago de unos tributos despro-
porcionados para mantener las fronteras donde estaban en ese momento. La realidad del desenlace de esta partida de ajedrez sería,
andando el tiempo, la dramática decisión de pedir ayuda a los almorávides, lo que finalmente terminó con el mismo final que se pretendía evitar: la pérdida de los territorios para los andalusíes, aunque
en otras manos, unas que se pensaban hermanas, de ahí que fuese
aún más doloroso, por traicionero. Pero antes de llegar a este punto
aún debemos apuntar una última cuestión sobre la relación entre
Al- Mu'tamid e Ibn 'Ammar.

El final de la vida de Ibn 'Ammar llegó marcado por la conquista
de Murcia. Enviado por el rey de Sevilla, Ibn 'Ammar se hace con Murcia y se queda allí como nuevo gobernante. No podemos saber si por
celos, venganza o simplemente un ego desmedido, Ibn 'Ammar se
ve allí, lejos de las garras directas del hasta hacía poco tiempo amado
Al-Mu'tamid, por lo que empezó a actuar casi como gobernador independiente. Cuando las noticias llegaron a oídos de Al-Mu'tamid,
llevado por el enfado y dolido por la traición, según cuentan las crónicas, ordenó el arresto de Ibn 'Ammar, pero fue alargando la decisión de ajusticiarlo, lo que hizo que, el hasta entonces favorito del rey,
albergase esperanzas de ser liberado (Valdivieso: 276) y así se lo co-
municó a aquellos que considera favorables a su causa, entre ellos
Rashid, hijo de Al-Mu'tamid. Cuando el rey fue informado de lo que
ocurría, la ira se apoderó de él y personalmente acudió a la prisión
en la que estaba encarcelado para matarlo él mismo. El sentimiento
de traición es doble cuando ha habido amor y, por tanto, también el
deseo de venganza, de eso no albergamos dudas al conocer el dramático final que le esperaba a Ibn 'Ammar, pues Al-Mu'tamid no solo
mató a golpe de hacha a Ibn 'Ammar, sino que eligió para hacerlo un
arma que le había regalado el rey Alfonso VI. Vemos como la trenza
entre la vida personal y política de estos personajes se fue enredando
de la manera más complicada que podamos imaginar. De ahí que,
desde el principio de estas páginas, apuntábamos la singularidad de

estas figuras que han trascendido el tiempo, convirtiéndose en personajes de unas dimensiones literarias extraordinarias.

Si dramático fue el final de Ibn 'Ammar, de sobrecogedor podríamos calificar el del rey poeta de Sevilla y su familia. Debido a la presión ejercida hacia el sur por los reinos del norte de la península, los reyes andalusíes encabezados por Al-Mu'tamid tomaron la decisión de pedir ayuda a los almorávides. El joven imperio magrebí, que en poco tiempo se había hecho con el control de gran parte del territorio norteafricano al otro lado del estrecho de Gibraltar, parecían la esperanza de estos reyes agónicos. Hermanos de religión, los andalusíes no calibraron las ansias neófitas de los almorávides y se vieron en poco tiempo cayendo bajo su yugo. Una invasión en toda regla que reunificó la mayor parte del territorio fragmentado de las taifas que todavía resistían independientes. Conscientes del poder sobre su pueblo y de la imagen tan atrayente que Al-Mu'tamid proyectaba, los almorávides no se atrevieron a matarlo para evitar la rebelión de los sevillanos, pero lo llevaron al destierro. Encarcelado junto a Rumaykiya y a alguno de sus hijos, el rey de Sevilla pasó el resto de su vida, breve ya, encarcelado en Agmat, cerca de Marrakech, llorando su ciudad perdida y lamentando su desgracia por no volver a pisar tierras andalusíes.

El poeta que dedicó su vida a escribir versos de amor, poemas en los que Sevilla, su reino y sus amores aparecían reflejados, el hombre que fue en sí mismo la esencia del arte poético, acabó en sus últimos tiempos sublimando su poesía y componiendo los mejores versos en la distancia, añorando lo perdido. Su poesía alcanzó las más altas cotas de belleza y trascendencia cuando tuvo que llorar lo arrebatado. Este final viene, como no puede ser de otro modo, a aumentar más aún si cabe la magnitud que el rey de Sevilla alcanzó. Su final en el exilio, la soledad y el frío que se apoderó de la vida de este poeta quedaron reflejados en los versos que compuso encadenado junto a Rumaikiya, como en estos traducidos por Miguel Hagerty: «Hoy soy rehén, cautivo de pobreza, enfermo/ un frágil pájaro de alas rotas (...) / La alegría que me conocías, se ha tornado desánimo;/ las penas han desterrado el regocijo».

3. SU RASTRO HASTA NUESTROS DÍAS

Valga todo lo anterior para poder llegar al tema que centra nuestro interés en estos párrafos, la presencia contemporánea de Al-Mu'tamid. Pretendemos revisar cómo esta figura histórica ha logrado resistir a los envites del tiempo y vive convertida en epítome de poesía, de vida enamorada y rey leal a su Sevilla perdida. Sigamos entonces el hilo de su figura en tiempos recientes para intentar analizar la dimensión que ha adquirido. Ya hemos citado que lo encontramos en obras como *El Conde Lucanor* o *Mil y una noches,* lo que nos da una idea de la importancia que ya tuvo en un periodo cercano a su propio tiempo, pero, como ya apuntábamos al principio, el interés por reflexionar sobre la figura de Al-Muʾtamid en este caso surgió a raíz de encontrar en el diario *España* de Tánger cinco artículos dedicados a esta figura. Un interés que no nace tanto de lo que cuentan esos textos, pues recuperan la figura de Al-Muʾtamid en los términos habituales, ensalzando su valía como rey, su amor por Rumaykiya, o la corte de poetas extraordinarios que tuvo, es decir, los tropos habituales, sino poniendo nuestro interés en el valor simbólico dotado en el momento en que fueron escritos y publicados.

Los textos van firmados por el poeta sevillano José Muñoz San Román y se publicaron en los días 6 y 17 de febrero, 2 de marzo y 7 y 16 de abril de 1940 bajo el epígrafe genérico de «Los poetas árabes de Sevilla». En ellos el autor ensalza y elogia desde una mirada romantizada la figura del Al-Muʾtamid, lo que nos lleva a preguntarnos cuál podía ser el interés de recuperar y hablar de esta figura andalusí en ese momento. Así, el trabajo de estudio y reflexión planteado por Eric Claderwood se nos presenta como fundamental para analizar la necesidad de mantener vigente la figura de Al-Muʾtamid a lo largo del tiempo, en ese intento de recuperar al-Ándalus como piedra fundacional del Marruecos independiente, a la vez que elemento central del discurso colonial español. Más allá de la visión ambivalente que encontramos en autores marroquíes sobre el protectorado español, como expone Velasco de Castro (2023: 16): «Por un lado, se tiende a mitificar la resistencia anti-colonial. Por otro, se muestran escenas un tanto idealizadas de la convivencia de marroquíes y españoles durante el Protectorado», la realidad parece que viene de la mano de un al-Ándalus que va a servir de eje central a ambas corrientes ideológicas, y que en este caso se subliman en la figura de Al-Muʾtamid.

Debemos empezar por conocer el contexto histórico en el que fueron publicados estos textos, pues durante la primera mitad del año 1940 la Segunda Guerra Mundial estaba atravesando un momento de avance nazi hacia la Europa occidental al tiempo que, alentada por los alemanes, la Unión Soviética se expandía hacia los estados bálticos. La tensión era máxima y el miedo a las consecuencias de un nazismo extendido por Europa y África era atroz. Es ahí cuando un enclave como la ciudad de Tánger, disfrutando de su estatuto internacional, se presenta como lugar indispensable para frenar el avance nazi que se presenta arrollador. A un mismo tiempo, la ciudad independiente era codiciada por España, pues no era ningún secreto el anhelo histórico español de extender su protectorado sobre el *hinterland* tangerino para hacerse con el control de tan codiciada plaza. De la conjunción de ambos factores tenemos como consecuencia que el control de la ciudad de Tánger por España sería una realidad el 14 de junio de 1940, pues el mismo día que los nazis entraban en París, las tropas de la Mehala Jalifiana lo hacían en la ciudad internacional al mando de miliares españoles. La ciudad pasaría a manos españolas durante cinco años en los que supuestamente debían mantener la neutralidad y servir de tapón al expansionismo alemán galopante. Se cumplían así los sueños españoles reclamados desde hacía décadas.

El leitmotiv de *Tánger español* era casi un mantra del discurso público del momento, a lo que tenemos que sumar, como plantea Calderwood, la utilización de al-Ándalus como el elemento justificativo de la necesidad colonial española, pues «Al-Ándalus sirvió para naturalizar las pretensiones coloniales de España en Marruecos. Su lógica implícita era que España no estaba colonizando Marruecos, sino que regresaba a Marruecos, que siempre había formado parte de España» (48). Entonces, siguiendo esta línea de discurso, Al-Mu'tamid, el rey poeta, metáfora de la esencia andalusí llevada al paroxismo, representa en todo su esplendor ese al-Ándalus que va más allá del estrecho de Gibraltar y hay que recuperar, pues con ese discurso se «da a entender que Al-Ándalus está dentro de la España cristiana, no en contra de ella» (56) y figuras como Al-Mu'tamid lo representan en todo su esplendor. El discurso imperante entiende al-Ándalus, más allá de la religión, como parte indispensable del pasado nacional. Por tanto, si el rey que representa ese pasado con todos los honores, aquel que tuvo que rendirse ante la fuerza norteafricana, está enterrado en Marruecos, hacia allí debemos mirar.

La primera publicación del día 6 de febrero de 1940 (anexo 1), titulada «Almotamid, el rey poeta, en Tánger», se centra en alabar la figura del rey sevillano, su historia personal y dotes para la poesía. Estas intenciones quedan expuestas en la semblanza desde las primeras líneas del texto en las que Muñoz San Román apunta: «Bien merece un recuerdo aquel egregio poeta de Sevilla, tan esclarecido por su encendida y exaltada inspiración, como digno de fama por su valor y generosidad, cuya nombradía perdura a través de los tiempos, Almotamid, el Rey poeta». Y termina el texto resaltando el interés que tiene el autor en recuperar esta figura, apuntado el valor que le venimos dando como metáfora de ese significado que al-Ándalus va a tener en ese momento: «Que nuestro recuerdo de hoy renueve la admiración por el Rey poeta, tan excelso como presa del infortunio».

El texto del 17 de febrero se titulaba «Los locos amores de Almotámid» (anexo 2). Aunque el título presenta en plural esos amores, el texto se centra en el enamoramiento de Rumaykiya en los términos en los que tradicionalmente se ha narrado. Recupera las leyendas habituales y no menciona ningún otro amor por nadie más. Por tanto, como apuntábamos anteriormente, el autor muestra su interés en proyectar la imagen de ese rey valeroso y, a la vez, hombre enamorado. Muy interesante nos resulta el final de este escrito, pues, sin que tenga relación con los amores de Al-Mu'tamid, Muñoz San Román cita al arabista Dozy para volver a hacer hincapié en el valor de esta figura del pasado y en la importancia de contarla en las arcas de la españolidad en los términos en los que se está construyendo en ese momento. Dice: «Respecto a Almotamid, dice el mentado autor [Dozy]: "Tuvo la suerte de ser el último rey indígena que representó dignamente con brillantez una nacionalidad y una cultura intelectual que sucumbieron, o poco menos, bajo la dominación de los bárbaros que habían invadido el país"».

Bajo el título «Muerte y fama gloriosa de Almotámid» se publicó el tercer texto dedicado al rey de Sevilla el día 2 de marzo (anexo 3). En esta ocasión el autor se centra en narrar con un tono dramático y consternado el destierro del rey junto a Rumaykiya y algunos de sus hijos, primero unos días encerrados en una cárcel de Tánger para después llegar a su destino final en Agmat. Continuando a partir del final del texto publicado anteriormente, tras su expulsión de tierras andalusíes por los «bárbaros», el destino de tan excelso rey fue sufrir recordando las bondades de al-Ándalus componiendo versos cargados de dolor y lamento.

El 7 de abril se publicó «El que murió a manos de Almotámid» (anexo 4). Ahora sí, dedica los párrafos a la relación entre Al-Mu'tamid e Ibn 'Ammar, pero las insinuaciones al amor que se profesaban quedan siempre veladas por el deslumbramiento que sentía por sus dotes poéticas: Almotamid quien, cegado por su venganza, no tardó en hacer perecer con sus propias manos a aquel gran poeta «en otro tiempo tan amado de su corazón» dice el final de este texto y, aunque la ambigüedad es evidente, no ha apuntado nada anteriormente que nos pueda indicar que se refiere a un amor más allá de la admiración poética y el dolor por tener que matarlo en venganza.

El último de los artículos apareció publicado el 16 de abril. «Los cortesanos del rey poeta» (anexo 5) lo dedica a nombrar a los poetas más importantes que formaron parte de la corte del rey de Sevilla. Ensalzando sus dotes como poeta él mismo y su conocimiento de tan importante expresión artística en árabe, sirve este texto para insistir en la altura cultural de la sociedad andalusí que dedicaba gran interés y esfuerzo en cultivar este arte.

El interés en la figura del insigne rey poeta sevillano como metonimia de al-Ándalus no es nuevo, en 1924 Blas Infante, «padre de la patria andaluza», había visitado su tumba en Agmat para rendir homenaje al antepasado andalusí desterrado en tierra hostil y reivindicarlo como pilar fundamental de ese pasado sobre el que basar su identidad. Este viaje fue considerado por Infante como una peregrinación a lugar sagrado, como si estuviese visitando «La Meca espiritual de la cultura andaluza», como apunta Calderwood (136), «viajando a Marruecos, Infante aspira a visitar no solo la tumba de Al-Mu'tamid, sino también la tumba de Al-Ándalus» (137-138). Así, este deseo de encontrar elementos de aval para la identidad andaluza se utilizó en el discurso colonialista español para defender la hermandad entre Marruecos y España como respaldo del discurso colonialista. Por tanto, Blas Infante, asesinado en agosto de 1936 por su republicanismo, finalmente «ayudó a sembrar las semillas de la ideología colonial que guiaría el franquismo» (Calderwood: 140).

En este contexto debemos leer entre líneas los textos encontrados en el Diario *España* de Tánger. Por un lado, una ciudad que intenta resistir los envites españoles desde el otro lado de la frontera con el protectorado español, cuya capital era la cercana ciudad de Tetuán y, por otro, el discurso de recuperación de al-Ándalus como pilar que justifica la presencia española en Marruecos. Entonces, como venimos apuntando, Al-Mu'tamid sirve como símbolo de ese al-Ándalus perdido y enterrado en Marruecos, que puede recuperarse no solo simbólicamente a través del colonialismo, sino incluso visitar, pues Blas Infante consideró su tumba en Agmat como lugar de peregrinación. Quedan en él reunidos todos los ideales románticos que desean proyectar y así nos los plantea Muñoz San Román en sus textos. Ensalza la figura del rey poeta, su valía como líder andalusí, su amor por Sevilla, el don poético que poseía e incluso la relación con Ibn 'Ammar, ese dolor por la traición. Todo queda recogido en estos cinco artículos en los que la propaganda franquista colonialista es sutil y en las insinuaciones se hace evidente.

Pero, andando el tiempo, no serían estos los únicos intentos de conservar intacta la memoria y leyenda de Al-Mu'tamid, pues, unos años después, la escritora Trina Mercader dirigió desde Larache y Te-tuán la revista *Al-Mu'tamid. Prosa y verso,* que se estuvo publicando entre 1947 y 1956, a la que sumaría entre 1954 y 1956 la *Colección Iti-mad* de poesía, dando sitio también a la amada Itimad, Rumaykiya, de los poemas de Al-Mu'tamid. Nuevamente, la ideología colonial se refuerza en la recuperación de este rey insigne para apretar los lazos entre ambas orillas del estrecho de Gibraltar, para presentarlo como un espacio simbólico único más allá del río del Mediterráneo.

Más recientemente, la historia de amor épico entre Al-Mu'tamid y Rumaykiya se ha convertido en emblema de la pasión, pues, como hemos visto, desde época medieval simbolizaban esa devoción amo-rosa que ha hecho correr ríos de tinta. El mito ha sido incluso llevado a la música, con la canción *Almutamid* de Lole y Manuel de 1990, en la que se canta a la pasión de los amantes. En 1983, el cantaor Enri-que Morente ya había puesto música a los poemas 16 y 17 del Diván poético del rey en el disco *Cruz y luna.* En 1988 Paco Ibáñez presentó su canción *El rey Almutamid,* con letra de Fanny Rubio, escritora y catedrática de Literatura Española de la Universidad Complutense de Madrid. También Carlos Cano, en 1980, en su disco «De la luna y el sol», incluiría un tema dedicado al destierro y la tristeza de aban-donar Sevilla, como el propio título de la canción nos evoca: *El rey Al Mutamid dice adiós a Sevilla.*

Conclusiones

Por concluir, podemos afirmar la evidencia que la fuerza simbólica del rey de la Taifa sevillana ha tenido a lo largo de los siglos para reivin-dicar esa esencia andalusí que se personifica en su figura. Las inten-ciones han ido cambiando según el momento histórico de aquello que se desease resaltar, desde la mitificación del amor hecho poe-sía, pasando por la metáfora de al-Ándalus como símbolo para el co-lonialismo español, la figura de Al-Mu'tamid no ha desaparecido de nuestro imaginario nunca. Actualmente suele recurriese al rey poeta de Sevilla como ejemplo de hombre enamorado. La leyenda de la historia de amor entre Al-Mu'tamid y Rumaikiya, junto al dolor por la traición de Ibn 'Ammar son los temas más habituales, pero, a pesar de esta constante presencia en el imaginario colectivo, resulta sor-prendente que en su propia ciudad esté casi desaparecido. En con-traposición a esta evidencia, en el callejero de Sevilla encontramos una calle con su nombre y un colegio público de infantil y primaria situada en el barrio de Bami, pero poco más nos recuerda su figura, pues el único monumento en su memoria es una columna que se puso dentro de los jardines del Alcázar en el año 1991, por lo tanto, alejada de la vida cotidiana de los ciudadanos. Actualmente, la ciudad parece que ha olvidado a este hombre que ostentó el título de rey de Sevilla, denominación que todavía hoy recibe el rey de España heredado sin interrupción desde el siglo XI. Esta ausencia casi completa de la realidad sevillana contemporánea parece contrastar con la presencia histórica que la figura de este rey ha tenido, tal como hemos visto, además de la significativa presencia en la cultura andaluza contemporánea, como lo demuestra su presencia en la música de destacados artistas como Morente o Carlos Cano.

ANEXOS

Reproducimos a continuación los cinco artículos publicados por José Muñoz San Román en el Diario *España* de Tánger que han servido como excusa para reflexionar sobre el significado que el rey poeta sevillano ha ido teniendo a lo largo de la historia, pues estos textos recuperan las leyendas más conocidas e insistentemente trasladadas sobre este personaje andalusí y nos ofrecen el punto de vista que se deseaba proyectar en el año 1940. Este año fue importante para el gobierno al mando en España, recién terminada la guerra civil, en la necesidad de asentar el poder, no solo en la Península, sino también en el territorio marroquí ocupado, utilizando ese pasado común andalusí que tanto poder evocador tuvo para la ideología franquista necesitada del apoyo incondicional surgido de tierras marroquíes hasta la eclosión nacionalista en tierras del Magreb.

Los textos se han copiado respetando la ortografía dada a los nombres propios según la manera castellanizada clásica, sin respetar las normas de transcripción del árabe.

Anexo 1

«Los poetas árabes de Sevilla. Almotamid, el rey poeta, en Tánger» 2 de febrero de 1940

Bien merece un recuerdo aquel egregio poeta de Sevilla, tan esclarecido por su encendida y exaltada inspiración, como digno de fama por su valor y generosidad, cuya nombradía perdura a través de los tiempos, Almotamid, el rey poeta.

Vencido por los almorávides, cautivo de Yusof, y más que cargado de cadenas, de sufrimientos y de pesadumbre, fue forzado a partir en un bajel para el cautiverio, seguido de Romaiguía, su idolatrada esposa y émula de su estro, sus demás mujeres y los hijos que no habían encontrado muerte en la guerra o muertos a manos de sus vencedores.

Mas con cuánta ansiedad y desconsuelo vio Sevilla su abandono de la querida ciudad en aquel triste atardecer, cuando a la luz escarlata de un crepúsculo torvo, dirigió el navío sus quillas hacia Tánger, llevando prisionero y maniatado al más infeliz de los monarcas y al más abatido de los poetas.

Una inmensa muchedumbre acudió a dar el postrer adiós al Rey cautivo y destronado, dando muestras de su más desesperada pena con ayes y gritos desgarradores: las mujeres, desposeídas de sus velos e hiriendo sus acaloradas mejillas, y los hombres llorando como niños, con tanta pasión de cólera y rabia como de amargura y de dolor.

Así lo cantaba en una de sus más tristes elegías el testigo entrañable de Almotamid, Ben-al-labana:

«Vencidos después de una valerosa resistencia, los príncipes fueron conducidos a un bajel. La multitud llenaba las orillas del río; las mujeres iban sin velos, y en su dolor se arañaban el rostro. Al despedirlos ¡qué gritos! ¡qué de lágrimas! ¿Qué nos queda ya?

¡Vete de aquí, extranjero, recoge tu equipaje y haz tus provisiones, porque la morada de la generosidad ha quedado desierta», etc.

Por su parte, el infortunado prisionero cantaba a la cadena que lo oprimía, ya entre las sombras de las cárceles tangerinas:

«Cadena que cual serpiente
en torno ciñes mi cuerpo,
antes que tus eslabones
me aprieten y den tormento
ulcerándome los pulsos
y quebrándome los huesos
piensa en los que he sido antes
y en que me debes respeto», etc.

Y después, cómo rememoraba aquellos días venturosos de su poderío, del gozar del amor de su Romaiguía; de la gloria de sus inspiraciones poéticas, del triunfo de sus victorias:

«Yo era émulo de la lluvia bienhechora, señor de la generosidad, protector de los hombres, cuando mi mano derecha prodigaba los dones el día de la distribución de presentes, o arrebataba la vida al enemigo el día de la batalla, y cuando mi mano izquierda sostenía la brida que refrenaba el corcel espantado por el ruido de las lanzas. Pero ahora estoy bajo el poder de la cautividad y de la miseria; parezco un objeto sagrado víctima de la profanación, un pájaro con las alas rotas».

Y también, sabiendo cómo la amada esposa de su corazón y sus idolatradas hijas tenían que hilar en penoso trabajo para atender a las más perentorias necesidades, llegaba a exclamar, transido el pecho de amargura y conmovido el corazón por profundas desesperaciones.

«Lloraba cuando veía pasar delante de mí una bandada de "cataas": ellas eran libres y no conocían ni la prisión ni la cadena. No era la envidia la que me hacía llorar, sino mi anhelo de ser como ellas, porque entonces podría ir a donde quisiera, mi dicha no se hubiera desvanecido, mi corazón no se hubiera llenado de dolor, no lloraría la pérdida de mis hijos. Estas aves son felices; no se han separado una de otra, ninguna sufre el dolor de estar lejos de su familia, no pasan como yo la noche en horribles angustias, cuando oigo rechinar la puerta de mi cárcel, sus cerrojos o sus llaves. ¡Ah! Que Dios les conserve sus hijos: los míos carecen de agua y de sombra».

Y, por último, cuando de la prisión de Tánger, fue conducido a la de Mequínez, al ver en el camino una procesión de rogativa para suplicar la lluvia compuso esta tierna y desconsolada estrofa: «Viendo a esas gentes que iban a implorar la lluvia, les dije: ¡Mis lágrimas la sustituirán». ¡Cuán hermosa inspiración la del desdichado Rey poeta! ¡Sus poesías rezuman hiel y savia de retama, y parecen escritas con lágrimas y sangre de su lacerado corazón!

Las expresiones que le inspiraron la santidad de la familia y el puro amor a los hijos nos llegan a convencer de tal manera que nos sentimos abatidos y emocionados. Que nuestro recuerdo de hoy renueve la admiración por el Rey poeta, tan excelso como presa del infortunio.

Anexo 2

«Los poetas árabes de Sevilla II. Los locos amores de Almotámid»
17 de febrero de 1040

Almotámid, el rey poeta de Sevilla, y su entrañable Ben-Amar, paseábanse una mañana placentera por la «Pradera de plata» a orillas del lánguido y moreno Guadalquivir, a donde acudían también para solazarse muy numerosa gente del pueblo.

Observó Almotámid que el vientecillo suave rizaba la tranquila corriente y exclamó: «La brisa convierte el río/ en una cota de malla».

Al propio tiempo que invitaba a su querido amigo, como él poeta, a que completase la idea de sus versos. Mas Ben-Amar sintióse estéril ante la regia demanda.

Y una joven del pueblo, tan viva de imaginación como maravillosa y sorprendente de figura, que en aquellos instantes se gozaba con las bellezas del panorámico lugar, contestó repentina: «Mejor cota no se halla/ como la congele el frio».

Quedando el Rey prendado, tanto de su ingenio como de su gentil porte y luminosa expresión. Y seguidas llamando a un eunuco que lo iba siguiendo de cerca ordenóle que condujese a su palacio a la preciosa mujer, donde el monarca no tardó en volver con deseos e inquietud de enamorado.

Ya el Rey, cerca de la encantadora poetisa, preguntóle sobre cuáles eran su estado y su nombre, contestándole que se llamaba Itimad, aunque de ordinario respondía por Romaiquia, por ser esclava de Romaic. Mas, sabiendo también que no era casada, resolvió al punto comprarla y hacerla su esposa.

Dice un biógrafo de Romaiquia que era tan soberanamente hermosa que cuantos la conocían la comparaban a la condesa Ualada, la Safo de aquellos tiempos. Su esposo la amó siempre con los más locos impulsos de su corazón, quedando bien pronto esclavizada toda su voluntad a los caprichos y antojos de la sultana, que él procuraba satisfacer siempre, por imposibles que aquellos parecieran.

Cuéntase que, un día del mes de febrero, estando Romaiquia asomada a una de las ventanas de su palacio, en Córdoba, vio caer con agradabilísima sorpresa unos breves y nítidos copos de nieve, causándole tanta extrañeza y emoción que no pudo por menos de echarse a llorar. Al verla en tal suerte el enamorado esposo, preguntóle por la causa de su desconsuelo, contestándolo Romaiquia con crueles reproches por no haberle sabido proporcionar todos los inviernos el deleite de tan bellísimo espectáculo. Entonces, el Rey mandó plantar de almendros toda la sierra de Córdoba, para qué, al florecer cada año, forjasen en la mente soñadora de Itimad la ilusión de un impoluto campo nevado.

Otro día volvió a llorar al ver cómo unas muchachas del pueblo alegremente amasaban barro con los pies desnudos en los aledaños de un horno de ladrillos, gozando de plena libertad cuando ella la había perdido por el rigor y la estrechez de la etiqueta cortesana. Y el magnífico poeta tornó de nuevo a complacer a su idolatrada disponiendo que sobre la solería del patio más suntuoso de su regia morada se extendiese la capa espesa como de barro de una masa de azúcar, canela, perfumes deliciosos y jengibre, amasados a brazos, después de regada con agua de rosas. Terminada la ingeniosa confección dispuso el monarca que bajase la sultana con su séquito, diciendo que le barro la esperaba. Y Roamiquia pudo con sus preciosos y delicados pies, tan finos como pétalos de jazmines, hollar aquel barro suavísimo como el terciopelo y tan perfumado como las más aromáticas rosas de Jericó.

Últimamente, el ilustre arabista Docy resume en la siguiente frase todo lo pernicioso que fueran para el desdichado Rey poeta los ciegos amores hacia Romaiquia: «Fuerza es añadir que los ministros de la religión no pronunciaban nunca el nombre de esta inquieta sultana más que con un santo horror. La consideraba como el mayor obstáculo para la conversión de su marido, arrastrado sin cesar por ella –decían– en un torbellino de placeres y voluptuosidades; y si las mezquitas estaban desiertas los viernes, la culpaban a ella. Romaiquia se reía de sus clamores. Aturdida y descuidada, no sospechaban que aquellos hombres llegarían a ser temibles algún día».

Respecto a Almotamíd, dice el mentado autor: «Tuvo la suerte de ser el último rey indígena que representó dignamente, con brillantez una nacionalidad y una cultura intelectual que sucumbieron, o poco menos, bajo la dominación de los bárbaros que habían invadido el país».

ANEXO 3

«Los poetas árabes sevillanos III. Muerte y fama gloriosa de Almotamid» 2 de marzo de 1940

Después de breves días sufriendo en las mazmorras de la cárcel tangerina, fue llevado el Rey poeta Almotamid a las tenebrosas cárceles de Mequínez, en donde padeció las mayores calamidades y miserias, durante dos meses. Cuando, desnudo de pies y arrastrando cadenas, se encaminaba hacia esta prisión, su hijo Raxid dirigióle los siguientes versos:

«Émulo de la lluvia bienhechora, señor de la generosidad, protector de los hombres, el mayo favor que podrías concederme sería permitirme contemplar un instante tu noble rostro, que, brillante y alegre, podría servirnos durante la noche de antorcha, durante el día de sol».

Y el desventurado cautivo apresuróse a contestarle: «La alegría de mi rostro a que estabas acostumbrado se ha trocado en sombría tristeza; los pesares no me permiten pensar en alegrías; hoy todas las miradas se apartan de mí, mientras antes todas me buscaban».

Después, en la prisión de Agmat, se aumentaron sus dolores y sus pesadumbres, con las mayores lobregueces y torturas. Solo llegaron a consolarlo las Musas que le permanecieron fieles y sus mejores amigos, los poetas venidos desde Andalucía. Entre los primeros y más cariñosos se encontró Abu-Mohamed Hichari, a quien tanto beneficiara en sus días de prosperidad y de ventura. Pero el más asiduo fue Ben al-Labana, haciéndole abrigar la esperanza de una restauración para días no lejanos.

Más la tristeza infinita que le abatía el destrozado corazón hasta el desfallecimiento, las hondas amarguras que le desgarraban el pecho por la ausencia de su esposa y sus hijos, el horror de la lobreguez más negra que el capuz de la noche más sin luna y sin estrellas, la memoria de los pasados días gloriosos y felices, llegaron a aniquilarle, tanto el cuerpo como el espíritu que, cortándole el hilo de la existencia, lo hicieron caer en el helado seno de la Muerte.

Tenía entonces el malaventurado cincuenta y cinco años.

Diósele sepultura en el cementerio de Agmat y algún tiempo después –dice uno de sus más veraces biógrafos– con motivo de la fiesta de la terminación del ayuno, el poeta andaluz Ben-Abd-as-samad, dio siete veces la vuelta alrededor de su tumba, a imitación de los peregrinos que las dan entorno a la Caaba; después se arrodilló, besó la tierra que cubría los restos mortales de su bienhechor y recitó una elegía. Conmovida por su ejemplo, la multitud dio también la vuelta a la tumba, como los peregrinos, lanzando gemidos prolongados.

Al gran poeta Abenaljatib inspiró la visita al sepulcro del infeliz rey poeta la siguiente poesía:

«Báculo de peregrino/ temo con piadoso impulso. /Vengo a Agmat y reverente/ miro y beso tu sepulcro/ Sultán magnífico, faro/ que dio clara luz al mundo/ en tus rayos si vivieras/ me bañaría con júbilo/ y mis poesías mejores/ fueran el contenido tuyo/ ora postrado de hinojos/ solo la tumba saludo».

A medida que pasaban los días fue creciendo la fama y la gloria del magnífico Almotamid, hasta el punto de que pronto fue considerado como el más inspirado de los poetas de su tiempo y el más popular de los Reyes andaluces.

«Todo el mundo ama a Motamid –exclama uno de sus historiadores– todo el mundo de apiada de él, y aún hoy es llorado».

Y otro, aún con mayor admiración: «Su generosidad, su valor, su espíritu caballeresco le granjeaban el amor de los hombres cultos, de las generaciones siguientes; las almas sensibles se conmovían de su inmenso infortunio; el vulgo se interesaba por sus novelescas aventuras y, como poeta, fue admirado hasta por los beduinos, que en estilo y en poesía pasaban por ser jueces más severos y competentes que los habitantes de las ciudades».

La siguiente anécdota corroborará esas aseveraciones. Corrían los primeros años del siglo XII cuando un árabe sevillano que transitaba por el desierto, detúvose a descansar en un campamento de beduinos lajmitas.

La noche, reina del silencio, se henchía de serenidad y de claridades de luna y de estrellas. Todo convidaba a admirar la grandeza del universo y a inspirarse en sus encantos. Y el viajero sintiéndose feliz y embriagado con tan inefables maravillas, recitó un bello poema original de Almotamid.

El dueño de la tienda más cercana, que escuchó con dulcísimo embeleso, interrogó al sevillano, y al saber que venía de Andalucía y que aquellos versos eran de un Rey poeta, de la tribu de Lajm, llamó a gritos a su gente, que no tardó en acudir y en rodear al extranjero. Este volvió a recitar el poema, recibiendo con regalo un centenar de camellos.

Por último, transcurrido más de dos siglos, Ben-al-Jatib, primer ministro del Rey de Granada, que recorría Marruecos con bordón y rosario para visitar los santos lugares, detúvose en Agmat ante las tumbas de Almotamid y su esposa, labradas en un altozano bajo un bosquecillo de lotos.

Y llorando de emoción improvisó esta poesía: «He venido a Agmat en cumplimiento de un penoso deber para arrodillarme sobre tu tumba. ¡Ah! ¿Por qué no he podido conocerte en vida y cantar tu gloria? ¡Tú excedías a todos los reyes en generosidad; tu brillabas como una antorcha en la obscuridad de la noche! ¡Séame permitido, al menos, saludar respetuosamente tu tumba! La elevación del terreno la distingue de las del vulgo, habiendo sobresalido entre los demás durante tu vida, sobresales también entre los que duermen a tus pies el sueño eterno. ¡Oh, emir entre los vivos y emir entre los muertos! Nunca vieron los pasados siglos otro igual a ti y estoy convencido de que tampoco verán los siglos futuros un rey que se te parezca». Aún hoy, la gloria de Almotamid resplandece como un luminar de inextinguible fuego.

ANEXO 4

«Los poetas árabes sevillanos. El que murió a manos de Almotamid»
7 de abril de 1940

Entre todos los poetas destacados en la corte de Almotamid, fue Abenamar el más preferido por el infeliz Rey.

Conocióle este cuando aún en su primera juventud mandaba, por designio de su padre, el ejército sevillano sitiador de Silves, «el paraíso de Portugal», llegándolo a querer y a admirar con tales extremos, que lo nombró su primer ministro.

A estas predilecciones contribuyeron a buena fama de poeta cortesano, los mismos gustos por la buena poesía y la afición de entrambos por los deleites y las aventuras.

Había sino Abenamar un poeta andariego de muy modesta condición, que después de estudiar la técnica del verso en Córdoba y en Silves, se echó errabundo a recorrer España para ganarse la vida dedicando poesías ditirámbicas a los vanidosos que se las pagaban, aunque no fueran personajes de alcurnia. Así le fue presentado a Almotamid, no tardando en establecerse entre los dos arraigada e íntima amistad.

Más no fue esta por igual franca y sincera, pues mientras que la nacida en el pecho juvenil de Almotamid era profunda y fogosa, la de Abenamar estaba velada por sentimientos de escepticismo y prevención que no en balde había curtido su cuerpo luchando entre los hombres por ganarse el pan y reducir sus miserias, aprendiendo toda la filosofía del corazón humano.

Pasado algún tiempo en Sevilla, apurando alegremente todos los planes en unión con Almotamid, que todavía no era más que príncipe, fue desterrado por el padre de este, Almotadid, pasando el mayor tiempo de su cautiverio en Zaragoza, hasta que, muerto el Rey, le sucedió su hijo.

Entonces Abenamar fue nombrado gobernador de Silves, en donde hizo su entrada con tanta solemnidad y pompa como correspondiera a un magnate y en donde recibió, presto, la siguiente poesía del Rey:

«Saluda en Silves ¡Oh, Abulequer! a los lugares amados que tú conoces y pregúntales si conservan todavía mi recuerdo. Saluda especialmente a Xarabich, el palacio soberbio cuyas salas están llenas de leones y de blancas bellezas… y dile que hay aquí un caballero que en todo momento arde en deseo de verlo otra vez. ¡Cuántas veces, hermosas jóvenes blancas y morenas me han herido allí el corazón con sus miradas dulces, cual si sus ojos fuesen lanzas o espadas! ¡Cuántas noches he pasado también en el valle, junto al río, con una bella encantadora, cuyo brazalete recordaba a la luna en creciente!».

Apostado ya en Silves, enteróse Abenamar de que aún vivía allí el mercader que le pagó unos versos, compuestos en su alabanza, con un saco de cebada y le envió el mismo recipiente lleno de monedas de plata, con una misiva en que le daba a entender que el precio había sido mezquino: «Si en otro tiempo me hubieses enviado este saco lleno de trigo, hoy te lo devolvería lleno de oro».

Más no tardó Abenamar en volver a Sevilla al lado de su entrañable protector, siendo entonces cuando fue nombrado primer ministro. En este cargo, de la mayor confianza, puso Abenamar un gran empeño en servir a su Rey, colaborando con suma eficacia a impedir la mayor presión de los cristianos sobre el reino de Sevilla, lo que logró que con ardid de haber ganado a Alfonso VI una partida de ajedrez, así como se puso de acuerdo con el conde de Barcelona, Ramón Berenguer, «Cabeza de Estopa», para que por cierta cantidad en dineros y quedando Raxid, el hijo de Almotámid, en rehenes, le auxiliase en la conquista en Murcia, cosa no lograda, pero si más tarde, con la ayuda de Abenraxid. Mas fueron tales su excesiva vanidad y aire de soberanía, y tal la frecuencia con que se olvidaba de nombrar al Rey en sus resoluciones, que Almotámid dio en sospechar de su fidelidad y en pensar en una posible traición.

Una desgraciada circunstancia puso celeridad em que aquella se produjese y Abenamar escribió los siguientes versos, incitando a los valencianos a la rebelión: «¿valencianos, levantaos contra los Beni Abdelaziz! ¡Proclamad vuestras justas quejas y elegid otro Rey, uno que sepa defenderos de vuestros enemigos! ¿Crees tú, Abenabdelaziz, que escaparás a la venganza de un hombre que va siempre en persecución de su enemigo, que continúa impávido su marcha, aunque no alumbre su camino ninguna estrella?».

Al conocer Almotámid estos versos montó en cólera, apresurándose a contestarle con estos otros: «Con qué astuto ardid podría sustraerse a las manos vengadoras de un valiente guerrero de los Beni Amar, de esos hombres que antes se prosternaban con inaudita bajeza a los pies de cualquier señor, de cualquier Príncipe, de cualquier testa coronada; que se juzgaban felices cuando recibían e sus señores una porción algo mayor de sus demás criados y que se han elevado desde la más humilde condición a las más altas dignidades». Abenamar huyó de Murcia, y el auxiliar de los Reyes de Zaragoza en el intento de apoderarse de Segura fue hecho prisionero y vendido el mejor postor. Este fue Amotámid, quien, cegado por su venganza, no tardó en hacer perecer a sus manos a aquel gran poeta, en otro tiempo tan amado de su corazón.

ANEXO 5

«Los poetas árabes sevillanos V. Los cortesanos del Rey Poeta»
16 de abril de 1940

Permanecieron en el reino de Almotámid formando parte de su corte literaria los célebres poetas Abenzaidum y Abenlabar el Jauleni, que ya habían figurado en la de su padre Almotacid, quien también componía versos, aunque era de tan pérfida condición que se holgaba en contemplar los centenares de cráneos de sus víctimas convertidos en macetas de sus jardines, así como en guardar en un cofre, con codicia y deleite de hombre avariento, las cabezas de los príncipes que él había vencido e inmolado.

A aquellos preeminentes poetas habremos de sumar, como el más favorecido, Abenamar, al fin muerto a manos del propio rey por sus infidelidades, y otros que iremos anotando, pues no es de extrañar que, dada la predilección que tenía Almotámid y su primero ministro por el cultivo de la poesía fueron los poetas los personajes mejor acogidos y beneficiados de la corte.

Era el rey Poeta, según Abenjacán, «el más liberal, hospitalario, magnánimo y poderoso entre todos los príncipes de España, y su palacio era la posada de los peregrinos, el punto de reunión de los ingenios y el centro a donde se dirigían todas las esperanzas, de suerte que a ninguna otra corte de los príncipes de aquella edad acudían tantos sabios y tantos poetas de primer orden. En cambio, los poetastros –según Dozy– no tenían ninguna posibilidad de hacer fortuna, porque Almotámid era un crítico severo que examinaba con gran cuidado todos los poemas que se le presentaban y analizaba cada expresión y cada sílaba; mas todos los autores están de acuerdo en considerar que cuando se trataba de un poeta esclarecido mostrábase con él largamente magnánimo».

A este respecto, se cuenta que, habiendo oído recitar esta poesía: «La fidelidad en el cumplimiento de las promesas es hoy cosa muy rara. No encontraréis a nadie que practique esta virtud ni siquiera que piense en ello: Es algo fabuloso, como el grito o coco ese cuento en que se refiere que un poeta recibió un día como presente mil ducados», apresuróse a averiguar quién era su autor y enterado que había sido escrita por Abd-al-Chalil llamólo a su presencia y después de recriminarlo por la desconfianza que habían inspirado sus versos entrególe los mil ducados apetecidos.

Otro día, según refiere el ya mentado Dozy, mientras conversaba con un poeta de Sicilia, le trajeron unas monedas de oro que acababan de acuñar. Dio dos bolsas llenas de ellas al siciliano, pero este no quedó contento con el regalo, aunque fuese magnifico y miraba con codicia una figurilla de ámbar incrustada de perlas que había en la sala y que representaba un camello. «Señor –dijo por fin–, tu presente es magnífico, pero muy pesado y creo que me haría falta un camello para transportarlo a mi morada». «Tuyo es el camello», respondió sonriendo Almotámid.

Y en Tánger, cuando estuvo prisionero y encarcelado, fue tan desprendido que no dudó en enviar al harapiento poeta Hosri los únicos treinta y seis ducados que le quedaran y que escondía en sus zapatos, atendiendo con ello a la petición de un presente que el mísero poeta le había formulado.

Figuró con grandes preeminencias e la corte de Almotámid el preclaro poeta Abenhamdis de Siracusa, facilísimo improvisador y muy fiel del rey a quien acompañó y consoló en su destierro. A juicio de Abenbasam, el siciliano era un hábil poeta que aspiraba a la originalidad de las ideas y a veces la alcanzaba expresándolas en términos elegantes y nobles.

También sobresalió entre los poetas cortesanos Abenlabana, dechado, así mismo, de fidelidad y de pecho generoso. Por último, no dejaremos de recordar, aunque no sea más que para anotar sus nombres, a la poetisa Abadí, esclava que regaló a Almotámid Mochélid el de Denia; la hija del Rey, Boteina, igualmente inspirada poetisa, y su propia mujer, Itimad, tan esclavizadora de la voluntad del rey que los alfaquíes la culpaban de haberlo inclinado tan ciegamente a los placeres más disoluto y a las voluptuosidades más embriagadoras.

Bibliografía

CALDERWOOD, Eric (2019): *Al-Ándalus en Marruecos*. Córdoba: Almuzara.

HAGERTY, Miguel José (2006): *Al-Mu'tamid de Sevilla. Poesía completa*. Granada: Comares.

LIROLA DELGADO, Pilar (2011): *Al-Mu'tamid y los Abadíes. El esplendor del reino de Sevilla (s. XI)*. Almería: Fundación Ibn Tufayl de Estudios Árabes.

VALDIVIESO RAMOS, Daniel (2024): *Eso no estaba en mi libro de Historia de Al-Ándalus*. Córdoba: Almuzara.

VELASCO DE CASTRO, Rocío (2023): «Percepciones del Protectorado español y su legado: lengua, cultura y literatura españolas en el Marruecos postcolonial», *Historia del Presente,* 41, 11-26.

Qué arte, *my weapon*: localismos sevillanos y problemas de traducción de índole sociolingüística en contenido subtitulado

INMACULADA ROSAL BUSTAMANTE
Universidad de Sevilla

1. EVOLUCIÓN EN EL CONSUMO DE CONTENIDO AUDIOVISUAL DE SERIES Y PELÍCULAS EN NIÑOS, ADOLESCENTES Y POBLACIÓN ADULTA A NIVEL MUNDIAL Y EN ESPAÑA

Entre 2018 y 2022, el sector del entretenimiento en nuestro país ha crecido un 408 % y se espera que se incremente un 31,6 % de aquí al 2027. Los datos son esclarecedores. La pandemia COVID-19 provocó un aumento en el número de suscripciones a plataformas de pago en los hogares españoles entre el segundo semestre de 2019 y el primero de 2020, pasando del 40,5 % al 49,1 %, según el *2.º Informe sobre el sector audiovisual* del Spain Audiovisual Hub publicado en junio de 2024.

Según el barómetro de septiembre de 2024 de Barlovento Comunicación –una agencia de consultoría audiovisual y digital– casi un 95 % de los españoles han accedido en el último mes a plataformas de *streaming*, con un acceso medio a 6 plataformas. Las llamadas SVOD *(Streaming Video on Demand),* que corresponden a las plataformas de vídeos bajo demanda como, por ejemplo, Netflix, HBO, Prime Video, entre otras, se mantiene como la opción más popular para ver contenido audiovisual, con 15,8 millones de espectadores.

2. EL CINE YA NO ES SOLO COSA DE HOLLYWOOD, TAMBIÉN DE ESPAÑA

Es cierto que las películas extranjeras todavía acaparan buena parte de los títulos exhibidos en los cines, con un 71,4 % frente al 28,6 % de películas españolas. Sin duda alguna, más de la mitad de las recaudaciones, un 60 %, van a la industria estadounidense, la industria cinematográfica líder a nivel mundial actualmente. No obstante, de acuerdo con la *Estadística de Cinematografía* de 2023 publicada por el Ministerio de Cultura, la industria del cine española es la que más ha conseguido recaudar de toda Europa (aunque se excluyen los datos de Reino Unido).

Andalucía ocupa el tercer lugar con mayor número de empresas productoras de cine con actividad, detrás de la Comunidad de Madrid y de Cataluña. Esto se ve en los 1406 rodajes de los que se encargó Andalucía Film Commission, miembro de las principales asociaciones de Film Commissions: European Film Commission Network y Spain Film Commission. En concreto, el paisaje sevillano lleva años siendo referente en el audiovisual, pero cada vez son más las productoras que eligen rodar en Sevilla. Por ejemplo, el Alcázar fue gran protagonista en *Juego de tronos,* la plaza de España tanto en *Star Wars: El ataque de los clones* como, más recientemente, en la serie de Netflix, *Kaos* o la Casa de Pilatos con *Noche y día* de Tom Cruise y Cameron Díaz. Así, Sevilla Film Office forma parte de la Red de Ciudades de Cine al igual que muchos pueblos con gran importancia cinematográfica como, por ejemplo, Carmona, Osuna o Écija en Sevilla, Conil o Rota en Cádiz y Roquetas de Mar en Almería.

Sevilla no solo respira azahar e incienso por todas partes en primavera, también cine. El Festival de Cine Europeo de Sevilla que, tras más de una veintena de ediciones y tiene lugar cada noviembre, reúne a directores y actores aclamados por la crítica y, durante una semana, Sevilla se convierte en la anfitriona de esta cita cultural con gran relevancia a nivel europeo. Por otra parte, la capital andaluza también llama la atención de directores y productores españoles que optan por poner a su equipo de rodaje en nuestras calles adoquinadas, impulsados por las ayudas, el buen clima y los decorados gigantescos que forman parte de esta ciudad.

3. SE NOS OLVIDÓ EL ACENTO EN EL RODAJE: EL ESTIGMA DEL ACENTO ANDALUZ EN TELEVISIÓN

Los medios de comunicación contribuyen sin duda alguna a la difusión de una imagen desfigurada de lo que representa la identidad cultural y lingüística de Andalucía. Parece que hay que cumplir con unos estándares arquetípicos que identifican al personaje que procede de Andalucía como gracioso, simpático, vago o incluso delincuente.

En una de las series más recientes de Televisión Española, *La promesa,* el personaje de Candela García –una de las ayudantes de cocina–, interpretado por Teresa Quintero, es el alivio cómico y el único personaje que habla con acento andaluz en una serie que supuestamente tiene lugar en Córdoba. En la Wiki de *La Promesa,* una especie de guía y enciclopedia dedicada a esta serie en Fandom (una plataforma en línea basada en tecnología wiki donde los propios seguidores de los productos audiovisuales colaboran para crear y actualizar información sobre los contenidos), describen al personaje como: «Simpática, ignorante, perezosa y siempre pegada a Simona. Resulta que no tiene ningún talento para los fogones, pero su desparpajo le ha ganado un hueco en los corazones de sus compañeros». A los andaluces les asignan este tipo de personajes caracterizados por un nivel de clase inferior (sirvientes/as, aparcacoches, camareros/as o limpiadoras/es) que aportan cierto elemento cómico a la trama porque «el andaluz hace gracia». De hecho, en *Creación de personajes para series: héroes, antihéroes y bastardos* (2017), de Serrano Jiménez y Rodríguez de Fonseca, se identifica el personaje de la «chacha andaluza» como un arquetipo que está en desuso, pero, como se puede ver en esta serie de TVE, sigue vigente incluso hoy en día. Estos hechos han provocado cierto revuelo y enfado en redes sociales, aunque no es el único caso. La lingüista Méndez García de Paredes (2009) destaca precisamente el papel tan recurrente de la sociedad andaluza en las producciones mediáticas y cinematográficas:

> [E]n el escaparate mediático, el habla andaluza tradicionalmente ha servido para configurar, dentro de los productos de ficción (series, películas, obras de teatro, programas humorísticos) un tipo humano, de acuerdo con el cual los personajes graciosos con profesiones poco prestigiosas, pocas luces y sin mucha cultura (chachas, soldados, porteros, raterillos, etc.) se expresan en un andaluz populachero, chocante y barriobajero, estableciéndose con ello una equiparación entre hablar andaluz,

ser un gracioso y un cateto ignorante (Méndez García de Paredes, 2009: 259-260).

Hubo cierta indignación tanto en redes sociales como en medios de comunicación sobre una de las series más vistas en Netflix llamada *Si lo hubiera sabido* (2022), debido a la elección de su elenco, que carece de acento andaluz para una serie que, evidentemente, tiene lugar en Sevilla. También, hubo un rechazo en las redes ante los pocos personajes que hablaban con un marcado acento andaluz y que perpetuaban los estereotipos transmitidos por la industria del audiovisual de pertenecer al sector servicios (camareros o aparcacoches) o incluso delincuentes. Afortunadamente, no todas las producciones audiovisuales apuestan por reforzar el estereotipo y eligen localidades andaluzas como escenario y, en este caso concreto, sevillanas, para situar la trama de su serie, como *La chica invisible* (2023) de Disney+. Para explorar estos aspectos sociolingüísticos y culturales, se han analizado los subtítulos tanto en español como en inglés de estas dos series mencionadas, escogidas entre la lista de series y películas de la última década.

Tabla 1. Algunas series y películas en los últimos diez años en las que alguna escena se puede identificar con zonas de Andalucía occidental, con el habla de la capital andaluza

Título	Serie o película	Año de estreno	Plataforma o cadena de TV	Comentario
Luis Miguel La serie	S	2018	Netflix	Simplemente habla un personaje con acento de Sevilla /Cádiz
Si lo hubiera sabido	S	2022	Netflix	La mayor parte de la trama tiene lugar en Sevilla. Rodada en Sevilla, Carmona (Sevilla), Zahara de los Atunes (Cádiz), Toledo y Madrid
Honor	S	2023	Atresplayer	Rodada en Sevilla y Cádiz
La promesa	S	2023	RTVE	Ambientada en la provincia de Córdoba. Rodada en el palacio El Rincón (Madrid), palacio de La Granja de San Ildefonso (Segovia) y monasterio de Lupiana (Guadalajara)

Título	Serie o película	Año de estreno	Plataforma o cadena de TV	Comentario
Feria: la luz más oscura	S	2022	Disney+	Pueblo ficticio: Feria. Rodado en Zahara de la Sierra (Cádiz)
La peste	S	2017	Movistar+	Ambientada en la Sevilla del siglo XVI. Rodada en Sevilla, pueblos de Sevilla y otros municipios de Cáceres
El marqués	S	2024	Prime Video	Ambientada en Paradas (Sevilla). Rodada en Carmona (Sevilla), Cádiz, Madrid, Barcelona
La otra mirada	S	2022	RTVE	Ambientada en la Sevilla de los años 20. Rodada en Sevilla y otros municipios de la capital hispalense
La chica invisible	S	2023	Disney+	Pueblo ficticio: Cárdena. Rodada en su mayoría en Carmona (Sevilla)
Allí abajo	S	2015	Prime Video	La trama tiene lugar entre Sevilla y el País Vasco. Rodada en Sevilla, Córdoba y San Sebastián
El autor	P	2017	Netflix	Rodada en Sevilla
Adiós	P	2019	RTVE Play, Netflix, Apple TV y Rakuten TV.	Rodada y situada en el barrio de las Tres Mil Viviendas (Sevilla)
Te estoy amando locamente	P	2023	Movistar+	Situada en Sevilla en el año 1977. Rodada en Sevilla y Barcelona
Sevillanas de Brooklyn	P	2021	Netflix, RTVE	Alcalá de Guadaíra (Sevilla) y otras partes en Sevilla

4. EL LÉXICO DE ANDALUCÍA

Los rasgos más característicos del andaluz occidental están presentes en Sevilla, Huelva y Cádiz. En ocasiones, también se incluyen Málaga o Córdoba en la clasificación de la zona occidental u oriental. Al estar estas dos provincias en el centro de la comunidad autónoma, pueden fluctuar entre ambas zonas. El vocabulario que empleamos en nuestra comunidad autónoma no difiere al de otras áreas lingüísticas del español común. El lingüista Rafael Jiménez Fernández (1999: 80) asegura que no existe un léxico específico de Andalucía. Sin embargo, existen términos característicos de las dos zonas de Andalucía, como, por ejemplo, fatiga (náuseas) o chícharos (judías blancas) para la occidental y angustia (náuseas) para la oriental. Por otro lado, los gitanismos, bastante comunes en el hablar popular de Andalucía, son las voces procedentes de la lengua del pueblo gitano. Son palabras con un uso muy extendido en el lenguaje informal como, por ejemplo, «chalado» (loco), «mangar» (robar), «parné» (dinero) o «curro» (trabajo) y que, a menudo, se ven reflejadas en el contenido audiovisual situado en Andalucía.

Por su parte, fue Manuel Machado (recogido en Mondéjar, 2001) quien destacó que «el *mejor* castellano, el más *rico* y *sabroso* castellano del mundo se habla en Andalucía y, sobre todo, en Sevilla». Quizás exageraba con la aseveración, pero desde luego la riqueza sí que se encuentra en las innumerables palabras de Sevilla que caracterizan a la ciudad y que van desde la parihuela de un paso de Semana Santa hasta los calentitos, también llamados churros.

La competencia sociolingüística recogida en el documento del Marco Común Europeo de Referencia comprende la capacidad de reconocer los marcadores lingüísticos de clase social, procedencia regional y origen nacional, grupo étnico o profesional. Estos marcadores pueden ser léxicos, gramaticales, fonológicos, características vocales, paralingüísticos o lenguaje corporal. La homogeneidad no es posible en ninguna comunidad de lengua europea, pues cada región tiene ciertas peculiaridades lingüísticas y culturales. De hecho, se destaca la importancia de los estereotipos en el proceso de adquisición de esta competencia y que, si se desarrollan estas destrezas interculturales, se podrán reducir estas ideas preconcebidas asociadas a una comunidad (Ministerio de Educación, Cultura y Deporte *et al.*, 2002: 118).

Para llegar al máximo nivel de competencia en una lengua extranjera, se debe ser plenamente consciente de las implicaciones de carácter sociolingüístico y sociocultural en el uso de la lengua por parte de los hablantes nativos, y saber reaccionar en consecuencia, además de mediar con eficacia entre hablantes de la lengua meta y de la de su comunidad de origen, teniendo en cuenta las diferencias socioculturales y sociolingüísticas (Ministerio de Educación, Cultura y Deporte *et al.*, 2002). Estas diferencias son especialmente importantes en la traducción audiovisual y resaltan la necesidad de contar con traductores profesionales del sector, al igual que no se duda en contar con cualquier personal imprescindible en la postproducción de un producto audiovisual.

5. LA SUBTITULACIÓN, TRADUCCIÓN SUBORDINADA A LA IMAGEN

La imagen es esencial en la traducción de contenidos audiovisuales, puesto que no se puede cambiar o alterar como podría hacerse con el sonido (doblaje o voces superpuestas). En el caso de la subtitulación, el texto que aparece en pantalla depende directamente de la imagen. La subtitulación, por lo tanto, es un ejemplo de traducción subordinada a la imagen, como podría serlo una viñeta de cómic o una marquesina de un anuncio publicitario. Así pues, es preciso encontrar formas creativas de poder transmitir el mensaje dentro de las restricciones o limitaciones tanto visuales como de carácter técnico. Es muy importante tener en cuenta ciertos aspectos sobre los subtítulos, como la coherencia con la imagen en pantalla, la sincronización (que vayan a la par que la imagen), la limitación de espacio (número reducido de caracteres para que dé tiempo a leer el contenido sin perderse la acción en pantalla) o aspectos culturales. Además, es la subdisciplina de la traducción audiovisual más «vulnerable» porque los espectadores pueden comparar directamente el diálogo original con la traducción subtitulada. En muchas ocasiones, no se tienen en cuenta el cambio del código lingüístico (oral a escrito), la necesaria reducción del texto original y las limitaciones espaciotemporales de las que constan los subtítulos y se critica que en pantalla no aparece lo mismo que se dice de manera oral. En la mayoría de los casos, es imposible que haya una traducción literal, para crear unos buenos subtítulos tanto en la misma lengua (intralingüísticos) como en otra (interlingüísticos) se requiere creatividad, precisión y un gran entendimiento tanto de las lenguas y de las culturas donde se sitúa la acción, como del medio visual.

6.   Por qué la traducción automática (TA) nunca funcionaría en la traducción audiovisual (TAV)

Para Borrás Ferrá (2022: 133-134), la inteligencia artificial no es creativa ni codifica las sutilezas del humor, la traducción automática tampoco está preparada más allá de lo superficial para chistes, bromas, ironías, juegos de palabras, frases hechas, dobles sentidos, metáforas, eufemismos o ambigüedad presentes en textos audiovisuales que requieren de un conocimiento cultural mínimo. Tampoco parece que considere la actitud o entonación del hablante ni cuenta con un bagaje cultural. De hecho, las referencias socioculturales (jerga, dichos populares o modismos) y la intertextualidad es algo que todavía no maneja con demasiada soltura. Tampoco puede identificar personajes y caracterizarlos con rasgos lingüísticos específicos de una región, por lo que hace que se pierda el idiolecto de cada persona basado en su idiosincrasia, edad, relaciones con otros personajes... Esta autora también aclara que la inteligencia artificial no conoce las convenciones narrativas de los géneros cinematográficos, no puede situar obras en contexto histórico y sociopolítico ni tiene en cuenta la velocidad de lectura, por lo que los subtítulos suelen ser demasiado largos (Borrás Ferrá, 2022: 133-134).

En 2021 se estrenó en Netflix la serie surcoreana *El juego del calamar* y tuvo mucho éxito en España. Quizás, no se contó con que los errores en los subtítulos al español hechos con traducción automática y poseditados se harían virales. Las redes sociales y los medios se hicieron eco y se empezó a debatir sobre la importancia del control de calidad de un producto audiovisual. Al tiempo se corrigieron los subtítulos, pero el daño ya estaba hecho. Por su parte, la traducción para doblaje recibió numerosos aplausos por su calidad. Se podría entonces pensar que los subtítulos no son tan populares entre la población española como el doblaje. Según el Eurobarómetro de septiembre-octubre de 2023, el 40 % de los españoles y el 53 % de los europeos prefieren ver las películas en su idioma original con subtítulos que dobladas y, en concreto, los jóvenes de 18 a 25 años representan un 65 %.

Lo bueno y lo malo de las redes sociales es que todo el mundo tiene voz y una opinión sobre algo, por lo que se ha convertido en habitual comentar las traducciones de series y películas. Por lo general, como sugiere Borrás Ferrá (2022: 136), el público no suele alabar las buenas traducciones –aunque, afortunadamente, cada vez es una práctica más común–, pero no le tiembla el pulso en señalar y criticar los supuestos errores. En cualquier caso, hay una mayor visibilidad del papel e importancia del traductor y del control de calidad de un producto que van a consumir millones de personas. Además, en el caso de los subtítulos, son bastante vulnerables porque se recibe la información oral y está en pantalla al mismo tiempo, por lo que es mucho más susceptible de crítica.

Un ejemplo de ello es que en una intervención del capítulo 6 de la segunda temporada de la serie de *Luis Miguel* - La serie se dice «Lo siento mucho, mi alma» y se tradujo como *«I'm sorry, this is my weapon»,* traducido literalmente a español como «Lo siento, esta es mi arma». Este subtítulo hecho, probablemente, con traducción automática contiene una errata porque la manera de pronunciar el modismo regional «mi alma» es con la /r/, una forma popular de rotacismo. Al poco tiempo de estrenarse la serie, tras volverse viral y ser ferozmente criticada en redes sociales, se corrigió y ese «this is my weapon» desapareció al poco tiempo y lo sustituyeron, por lo que ahora podemos encontrarlo como *«I'm so sorry, my darling».* Tristemente, para muchas empresas, la calidad del subtitulado o de una traducción no es una prioridad, como sí lo puede ser una potente campaña de publicidad. Muchas incluso apuestan por el uso de la traducción automática en un sector tan creativo como la traducción audiovisual. Ante esto, la Asociación de Traducción Audiovisual y Adaptación Audiovisual de España (ATRAE) ha denunciado en varias ocasiones este tipo de prácticas precarias que dañan al sector de la traducción audiovisual mediante comunicados y otras reivindicaciones públicas.

La accesibilidad audiovisual, como afirma Bonjoch Llaquet (2022: 154), es tanto un derecho del espectador como un deber del creador de la obra, pues es un servicio público y un principio que se debería concebir como universal y no como una oportunidad o venta a cierto sector de la población. Los subtítulos se presentan, por tanto, como una herramienta de accesibilidad, interlingüística o intralingüística. A veces, necesitamos el uso de estos subtítulos para ver contenido en nuestra propia lengua, sea por la razón que sea. De hecho, el director sevillano de Adiós, Paco Cabezas, cuando se estrenó la película en la plataforma Somos Cine de RTVE, dijo con humor por Twitter/X «para los que se quejan de que no entienden los diálogos en «Andalú» hay un botón muy mono en el mando que pone Subtítulos (Como cuando veis una serie yanki)».

Es especialmente relevante conocer la competencia cultural y sociolingüística de las lenguas en las que se trabaje, puesto que las palabras, unidades fraseológicas y expresiones arraigadas a una cultura en concreto suelen suponer problemas de traducción complejos

Captura viralizada de los subtítulos de «Luis Miguel, la serie» //ABC

de resolver por una persona que no tenga el suficiente conocimiento lingüístico-cultural de una comunidad o identidad lingüística. Esto ocurre en mayor medida con los productos audiovisuales, puesto que, a pesar del relativo grado de ficción que hay en ellas, en muchas ocasiones se intenta ofrecer un fiel reflejo de la sociedad en la que se enmarca.

7. ANÁLISIS DE EJEMPLOS DE LAS SERIES *SI LO HUBIERA SABIDO* Y *LA CHICA INVISIBLE* EN ESPAÑOL E INGLÉS SUBTITULADO

Si lo hubiera sabido es una serie dirigida por Liliana Bocanegra, Humberto Miró, Alejandro Bazzano y producida por Boomerang TV. Cuenta con 8 episodios. Esta producción fue creada por la turca Ece Yörenç y desarrollada por Irma Correa para Netflix. Inicialmente se iba a emitir en Turquía, pero la presencia de personajes homosexuales provocó algunas quejas y los responsables decidieron emitir la serie solamente en España. Olga Garrido es la traductora que se ha encargado tanto de la traducción para subtítulos al inglés como del pautado, según la base de datos de ATRAE. Algo muy llamativo es que cualquier persona o empresa que interviene en la elaboración de producto audiovisual aparece en los créditos. Sin embargo, en un sector tan invisibilizado como es el de la traducción –y en concreto en la traducción audiovisual– se ha luchado mucho para que aparezca el nombre del traductor/a o empresa encargada de la traducción para doblaje, subtítulos o voces superpuestas. En esta serie, la única mención en los créditos finales referente a los subtítulos es la compañía MultiSignes, una empresa de producción y accesibilidad audiovisual.

En el habla típica sevillana, la distinción entre las consonantes líquidas /l/ y /r/ se neutraliza o cambia en posición final, como ocurre en la expresión por antonomasia de Sevilla y de la zona occidental «mi alma» > «mi arma». Este apelativo se usa a menudo de manera exagerada para identificar a los hablantes de la zona y otras veces se usa como burla para imitar a los sevillanos. Se cree que el origen se remonta a los siglos XIV y XVII. En este momento histórico hubo numerosas órdenes religiosas en Sevilla y entre ellos se encontraban los Mercedarios, una orden con bastante popularidad en la capital andaluza. Con la frase «Encomiende a Dios mi alma» que usaban con los más desfavorecidos en obras de caridad y que, posteriormente, se convirtió en saludo, dieron origen al apelativo cariñoso forma parte de la idiosincrasia hispalense, «mi alma».

A pesar del relativo éxito que cosechó la serie en su estreno, en ella se optó por utilizar estereotipos para caracterizar que, al hablar, un sevillano añade al final de las frases «mi alma», «mi Betis», pero no usa palabras o expresiones que realmente se usan en la vida diaria como: avenate, del tirón, encalomarse, dar coraje, fatiga, papa (borrachera), *pechá,* botines (deportivas), chaleco (jersey), maleta (mochila), por nombrar solo unas cuantas. Estos ejemplos sí que forman parte del léxico que, de inmediato, identificarían el origen del hablante con la capital andaluza.

A continuación, se muestra una selección de ejemplos de los subtítulos para esta serie tanto en español como en inglés. Se hacen una serie de observaciones breves y propuestas de mejora teniendo en cuenta ciertos aspectos sociolingüísticos y culturales, así como las características técnicas de un subtítulo para que dé tiempo suficiente a leerlo y asimilar la información:

«Ole, qué piquito tiene»	
Episodio y minutos para el final	E3 – Extraños en la noche [15:17]
Español [cc]	–[Samuel] Pues por la novia más guapa. –Ole, qué piquito tiene.
Inglés	–A toast to the beautiful bride to be. –Oh, what a charmer.
Observaciones	En un contexto de brindis como este, la expresión «ole» quiere transmitir alegría, emoción y entusiasmo.
Propuestas de mejora en inglés	–A toast to the beautiful bride to be. –Woohoo, you rule!

«Las que tú me haces, mi alma»	
Episodio y minutos para el final	E3 – Extraños en la noche [14:07]
Español [cc]	–Gracias, Alfredo. –Las que tú mereces.
Inglés	–Thanks so much, Alfredo. –You're welcome. You deserve it, darling.
Observaciones	Alfredo responde «Las que tú me haces, mi alma». No se ha entendido la expresión «las que tú me haces» como contestación a un gracias y se pierde el propósito irónico. Además, se omite el modismo «mi alma». Para el subtítulo en inglés, se hace una traducción demasiado literal.
Propuestas de mejora en inglés	–Thank you, Alfredo. –Always here for you, lovely.

«Rojo como una tostada de manteca colorá»	
Episodio y minutos para el final	E3 – Extraños en la noche [09:05]
Español [cc]	–[Alfredo] Total, que el cielo estaba rojo como una tostada de manteca *colorá*.
Inglés	–As red as a red tomato.
Observaciones	La manteca colorá es algo muy típico de la provincia de Cádiz y Sevilla. La expresión en inglés es un calco del español «rojo como un tomate», pero se añade otro «red» más. Si bien «as red as a tomato» es posible utilizarlo en este contexto, hay otras opciones mucho más comunes.
Propuestas de mejora en inglés	The sky was red as a beetroot.

«¡Sus muertos!»	
Episodio y minutos para el final	E5 – Nando vs. Rubén [17:42]
Español [cc]	¡Sus muertos!
Inglés	–[hostler] Down. Whoa, keep calm. –Jesus! Whoa.
Observaciones	En este contexto, un personaje se asusta porque un caballo se le echa encima. La traducción propuesta de la interjección parece insuficiente.
Propuestas de mejora en inglés	–Christ on a bike/cracker!

«Te lo juro por mi Betis de mi alma»	
Episodio y minutos para el final	E6 – Feliz cumpleaños, Emma [04:56]
Español [cc]	De verdad. Te lo juro por mi Betis de mi alma. Es una locura para la cabeza.
Inglés	It's the date. I swear on my beloved Betis.
Observaciones	Se omiten ciertas partes del subtítulo en la traducción y «I swear on my beloved Betis» no es una expresión natural en inglés.
Propuestas de mejora en inglés	It's the date. I promise for my Betis.

Otras palabras y expresiones que son características de la provincia de Sevilla son:

— «Ser un figura» [E3, 27:24; E5, 26:02] que se ha traducido como *being a genius*» o «*an upstanding person*». Esta unidad fraseológica proviene del ámbito taurino, aunque está convencionalizada en castellano y no es tan evidente su origen. Por ello, si el contexto y propósito comunicativo no requiere que se haga una referencia explícita a este ámbito cultural, se puede sustituir por equivalentes en la lengua a la que se traduce.

— «Tela» [E5, 09:50] que se ha traducido por «*a lot*», se podría haber traducido también como «*a ton*». Esta expresión en Andalucía es un sinónimo de muy/mucho, ya que se utiliza cuando se quiere expresar que hay una gran cantidad de algo. Se dice que proviene del ámbito pesquero, de la «tela marinera», ya que se necesita mucha cantidad de este tipo de tela para elaborar las velas de los barcos pesqueros y es bastante costoso de fabricar y caro.

— «No digas más chaladuras» [E7, 08:29] que se ha traducido por *«Stop making up more drama»*. En este caso, se podría haber traducido por una expresión más informal como, por ejemplo, *«Gibberish!»*. Además, se ha omitido «mi alma» al final de la frase en los subtítulos en castellano y también en inglés.

— «Mi alma» [E3, 27:24; E3, 19:08; E5, 26:52; E6, 04:19] en todos los subtítulos en inglés se ha omitido su traducción. También se ha omitido en algunos subtítulos en castellano, quizás por utilizar la estrategia de condensación de la información.

— «Cachondeo» [E3, 06:06] se ha traducido por *«Let the party begin»*. Entre los posibles orígenes de esta palabra, se encuentra el relacionado con el río Cachón (Zahara de los Atunes, Cádiz), donde se reunían los pescadores para festejar tras las jornadas en las almadrabas.

La chica invisible, producida por Morena Films y dirigida por T. López y A. Moreno, es una serie de 8 episodios disponible en Disney+. Adaptación de la novela homónima de Blue Jeans, la historia se sitúa en el pueblo ficticio de Cárdena, inspirado en Carmona, lugar natal del autor. Los escenarios, que incluyen también El Viso del Alcor y Gerena, refuerzan el suspense de la trama, especialmente en las escenas nocturnas. La localización andaluza se refleja en elementos como la procesión de una virgen en el sexto capítulo, símbolo del fervor religioso característico del sur de España.

Sin desvelar demasiada parte de la trama, es reseñable que, en una producción distribuida por Disney+, los personajes (a excepción de los dos protagonistas, Miguel Ángel y Julia, que son padre e hija) hablen con el acento andaluz occidental que utilizan muchos sevillanos. Sí es cierto que, en la mayor parte de las escenas, se opta por una elección léxica más generalizada o estandarizada. Sin embargo, hay también diversas escenas en las que se incluyen tanto elementos léxicos como culturales que «localizan» de inmediato la trama en un pueblo andaluz de la provincia de Sevilla.

Es preciso señalar que en la parte final de los créditos de esta serie hay uno específico para los subtítulos y se enumeran bastantes datos sobre el proceso de subtitulación de esta producción audiovisual, algo no muy común en la industria: a) Laboratorio subtítulos: Laserfilm cine y vídeo; b) Traducción: Lindsay Moxham; c) Supervisión técnica: David Rubio; d) Localización: Gregorio Galindo, Mila Juan, Javier Roldán; e) Administración: Marel Camarena.

A continuación, se muestra una selección de los subtítulos para esta serie tanto en español como en inglés, con una serie de observaciones breves y propuestas de mejora teniendo en cuenta aspectos socioculturales y sociolingüísticos, así como las características técnicas de los subtítulos:

«¡Así te entre una diarrea y te vayas de la feria, hija!»	
Episodio y minutos	E1 – La chica invisible [02:10]
Español [cc]	¡Ay, la paya! ¡Así te entre una diarrea y te vayas de la feria, hija!
Inglés	Oh, gorgio. You'll get diarrhea and have to leave the fair.
Observaciones	El término «*diarrhea*» está en la variedad americana del inglés y suena demasiado técnico para el contexto en el que se pronuncia por una persona gitana. El apelativo «hija» se omite en la traducción y es muy característico de la zona de Andalucía occidental. No tiene nada que ver con relaciones de parentesco, es como «mi alma».
Propuestas de mejora en inglés	Oh, gorgio. You'll shit down your legs and have to/need to leave the fair.

«Le diste bien al rebujito anoche»	
Episodio y minutos	E1 – La chica invisible [08:26]
Español [cc]	–Le diste bien al rebujito anoche. –Mmm...
Inglés	You tied one on last night.
Observaciones	La expresión «*tie one on*» pertenece a la variedad americana del inglés. La referencia cultural a la bebida por antonomasia de una feria en Andalucía occidental, el rebujito (una mezcla de vino fino o manzanilla y refresco con sabor a lima-limón), se omite.
Propuestas de mejora en inglés	The *rebujito* went to your head, right? / You had one too many last night...

«¡Una de pavías!»	
Episodio y minutos	E4 – Duelo [18:35]
Español [cc]	Te voy a poner unas pavías fresquitas que tengo ahí. --- ¡Una de pavías!
Inglés	Some battered cod I've got there. --- A serving of cod!
Observaciones	La pavía de bacalao es un pescado típico de Sevilla (bacalao rebozado) que se suele comer en Cuaresma. Aquí, si se traduce como *battered cod* puede confundir al lector porque forma parte del *fish and chips* típico de Reino Unido. En este caso, no es tan relevante para la trama especificar que es *battered cod* aunque se podría mantener también así.
Propuestas de mejora en inglés	I'll bring you some fresh fried fish/cod. --- Coming right up!

«Esta *levantá*, se la quiero dedicar a Aurora y a Patricia»	
Episodio y minutos	E6 – Tezaru [00:08]
Español [cc]	Esta *levantá*, se la quiero dedicar a Aurora y a Patricia.
Inglés	I want to dedicate this *levantá* to Aurora and Patricia.
Observaciones	Optan por mantener el término *«levantá»* en cursiva en la traducción, pues está cargado culturalmente de significado en el contexto de las cofradías en Andalucía. Este momento es siempre emotivo y suele hacerse para recordar o pedir por alguien que lo necesite. Además, en este caso, la pérdida de la d intervocálica es obligatoria, no se podría escribir ni decir «levantada» para referirse a este concepto.
Propuestas de mejora en inglés	This *levantá* is for Aurora and Patricia.

«Todos para arriba [*sic*], valientes. Ahí estáis [*sic*]»	
Episodio y minutos	E6 – Tezaru [00:12]
Español [cc]	Todos para arriba, valientes. --- Ahí estáis.
Inglés	Everyone up, you brave men. --- There you are.
Observaciones	El apelativo «valiente» también está muy asociado a la jerga de las cofradías y como adjetivo para los costaleros, tradicionalmente, hombres. No obstante, la unidad fraseológica es «Todos por igual, valientes» y se pronuncia como *«tós por iguá»*. Además, hay otro error, pues se suele decir «A esta es» y no «Ahí estáis». Quizás estos errores han sido por el acento, la rapidez o la falta de familiaridad con esta jerga tan específica.
Propuestas de mejora en inglés	Everyone at once, *valientes* / fellas. --- Here we go!

Otras palabras y expresiones que son características de la provincia de Sevilla o Andalucía son:

— «Cada día estás más canijo» [E1, 06:57]. En Andalucía se utiliza como sinónimo de «delgado», pero no tiene por qué ser ni pequeño o enfermizo como recoge el Diccionario de la Lengua Española. En este caso, la traducción sí que podría transmitir adecuadamente el significado original *«You get skinnier every day»*.

— «Mollete» [E1, 07:03]. El mollete es el típico pan de forma ovalada que se come en gran parte de Andalucía, sobre todo para desayunar. De hecho, los más famosos son los de Antequera (Málaga). Se traduce en la serie como *«buns»*, pero lo cierto es que este término se asocia con pan dulce. Como no hay un acuerdo unánime de su posible traducción *«bun»*, *«muffin»* o *«bread roll»*, quizás se podría haber traducido como *«bread roll»* que es un término más conocido por el público y similar en aspecto al mollete.

— «No es solo la calor» [E1, 07:14]. El uso del artículo femenino es algo muy típico en Andalucía y algunos lugares de América. En muchos casos, para los hablantes, la diferencia entre masculino y femenino es que este último tiene un significado propio de «calor extremo». Se traduce adecuadamente en la serie como «*the heat*», aunque se podría haber añadido el matiz de «*extreme heat*» porque unos minutos antes se ha mencionado que han llegado a los 40 grados.

— «Tú que eres muy capillita, me vas a entender» [E1, 07:19]. Ser «capillita» se dice en Andalucía para definir a alguien que le gusta mucho las cofradías y también participa en ellas. En inglés se ha traducido como «*you're religious, you'll understand me*» y transfiere la esencia del significado, pero no en plenitud, porque es algo más que ser religioso o creyente, es ser muy partícipe de la vida cofrade. Por eso, quizás se podría incluso generalizar «*you'll get me since you're familiar with this world/spiritual*», pues en la escena posterior se muestra y se hace referencia a una virgen con una gota de lágrima por algo trágico o de sudor por la humedad asfixiante.

— «Vámonos otra vez, mi alma» [E6, 00:07]. Esta frase se traduce por «*Let's go again, fellas*». En esta escena se muestra una cofradía en la calle, en concreto, una virgen llevada en andas de noche por el pueblo. En este caso, el apelativo «mi alma» apela a una sola persona mencionada en la intervención anterior (un costalero llamado Montero), pues es tradición que cada vez que se vuelve a levantar el paso, el capataz se dirija a uno de los costaleros. No se suele utilizar como apelativo en plural como con «*fellas*», que equivaldría a «muchachos».

— «Venga, de frente» [E6, 00:20]. De nuevo, nos encontramos con una unidad fraseológica común en el contexto cofrade para indicarle a los costaleros que deben andar hacia delante. Se traduce como «*Right, straight ahead*», aunque en este caso se podría haber dejado simplemente como «*Straight ahead*».

Además, se han encontrado otros errores lingüísticos que adolecen un control de calidad insuficiente como, por ejemplo, los siguientes subtítulos en español:

— «¿Tienes idea de... de qué pudo llevarla suicidarse [*sic*]?» [E6, 09:08].

— «¿Tú desde cuando [*sic*] sabias [*sic*] que mantenían una relación?» [E6, 10:03].

— «Vera, tú sabias [*sic*] esto, ¿lo sabias [*sic*] o no?» [E6, 19:16].

— «¿Como [*sic*] iba hacerle [*sic*] daño yo?» [E6, 30:33].

La jerga cofrade en este caso está repleta de unidades fraseológicas con una carga cultural muy alta y es necesario estar familiarizado con ella para comprenderla y traducirla. Por eso es tan importante un control de calidad exhaustivo además del asesoramiento cultural para que ciertos errores no se perpetúen. La labor de investigación y documentación es ardua y no es posible conocer toda la jerga o tecnicismos, los tiempos con los que cuentan los profesionales de la traducción audiovisual tampoco son extensos, pero es importante que una producción de este calibre apueste por todos los controles de calidad posibles y asesoramiento lingüístico y cultural.

Cuando se confía en un traductor o en un lingüista para trasladar la información de una lengua y cultura a otra se espera que lo haga con la mayor profesionalidad y exactitud posible. Quizás, con la introducción de la traducción automática y los plazos vertiginosos que se exigen a los profesionales, se nos puede olvidar el cuidado lingüístico y cultural que requiere cualquier producto audiovisual. Por eso, parece que el asesoramiento lingüístico-cultural es un servicio lingüístico de valor añadido hoy en día muy necesario. Probablemente, con este tipo de servicios de asesoramiento los problemas de traducción de índole sociolingüística descritos en estas páginas –y otros muchos que, por motivos de espacio, no se han podido incluir– se podrían haber resuelto de manera más satisfactoria. De cualquier modo, como se ha podido observar, no es nada fácil resolver este tipo de problemas de traducción de índole sociolingüística, pues como hemos visto hace falta adquirir ciertas competencias tanto en lengua extranjera como en la nuestra propia. El profesor Narbona Jiménez ya decía «Nos *identificamos* en la medida en que nos *identifican*» (2009: 23) Por ello, no podemos dejar de alzar la voz cuando se usan «palabras de Sevilla» que no son de Sevilla, se hace una traducción incompleta o incorrecta o se proyecta una imagen hacia el resto del mundo que no corresponde con la realidad.

Como reivindica la maravillosa y original campaña de Cruzcampo, *Con mucho acento*, «El acento no entiende de razas, ni de fronteras, ni de estatus social. Ni falta que le hace. El acento es nuestro tesoro. Y en lugar de esconderlo, lo vamos a celebrar». Y qué mejor manera de celebrarlo que reivindicar la importancia de cuidar con dedicación y esmero en cualquier contexto audiovisual esas *Palabras que hablan de Sevilla*.

Bibliografía

BARLOVENTO COMUNICACIÓN (2024): *9.ª ola septiembre 2024: Barómetro OTT multidispositivo.* Disponible en: https://barloventocomunicacion.es/barometrotv-ott/9a-ola-septiembre-2024-barometro-ott-multidispositivo/

BONJOCH LLAQUET, Silvia (2022): «Accesibilidad en abierto para todo el mundo: una pieza más del puzle», en Carla Botella Tejera y Belén Agulló García (eds.), *Mujeres en la traducción audiovisual II. Nuevas tendencias y futuro en la investigación y la profesión.* Madrid: Editorial Sindéresis, 153-167.

BORRÁS FERRÁ, Marta (2022): «La posedición de subtítulos: desafío total. Evolución de las herramientas en la TAV», en Carla Botella Tejera y Belén Agulló García (eds.), *Mujeres en la traducción audiovisual II. Nuevas tendencias y futuro en la investigación y la profesión.* Madrid: Editorial Sindéresis, 123-138.

JIMÉNEZ FERNÁNDEZ, Rafael (1999): *El andaluz.* Madrid: Arco Libros.

MÉNDEZ GARCÍA DE PAREDES, Eduardo (2009): «La proyección social de la identidad lingüística de Andalucía. Medios de comunicación, enseñanza y política lingüística», en Antonio Narbona Jiménez (coord.), *La identidad lingüística de Andalucía.* Sevilla: Centro de Estudios Andaluces, 213-319. Consejería de la presidencia.

MINISTERIO DE CULTURA Y DEPORTE (2024): *Estadística de Cinematografía 2023.* Disponible en: https://www.cultura.gob.es/actualidad/2024/05/240516-estadistica-cinematografia.html

MINISTERIO DE EDUCACIÓN, CULTURA Y DEPORTE, CONSEJO DE EUROPA e INSTITUTO CERVANTES (2002): *Marco Común Europeo de Referencia para las Lenguas: Aprendizaje, Enseñanza, Evaluación.* Disponible en: https://cvc.cervantes.es/ensenanza/biblioteca_ele/marco/cvc_mer.pdf

MONDÉJAR, Juan, CARRASCO, Pilar y GALEOTE, Manuel (eds.) (2001): *Dialectología andaluza. Estudios.* Málaga: Universidad de Málaga.

NARBONA, Antonio (coord.) (2009): *La identidad lingüística de Andalucía.* Sevilla: Centro de Estudios Andaluces. Consejería de la presidencia.

RODRÍGUEZ DE FONSECA, Francisco Javier y SERRANO JIMÉNEZ, Raúl (2017): *Creación de personajes para series. Héroes, antihéroes y bastardos.* Madrid: Instituto RTVE.

SPAIN AUDIOVISUAL HUB (2024): *Informe 2024.* Disponible en: https://spain-audiovisualhub.mineco.gob.es/content/dam/seteleco-hub-audiovisual/resources/pdf/informe_2024/2024_2_Informe_Spain_Audiovisual.pdf

Particularidades del habla sevillana: una mirada dialectológica

SONJA SEVO
Universidad de Sevilla

El habla sevillana, con su peculiar cadencia y sonoridad, es una de las variedades más singulares y reconocibles del español hablado en Andalucía, que encierra en sus particularidades lingüísticas una riqueza histórica y cultural que ha perdurado a lo largo de los siglos. Esta variedad lingüística, característica de la región andaluza y especialmente de la ciudad de Sevilla, es conocida por su peculiaridad en la pronunciación, el ritmo acelerado y sus formas de expresión únicas, que la diferencian del castellano estándar. Entre sus rasgos más llamativos se encuentran fenómenos fonéticos como la aspiración o elisión de la /s/ final e implosiva, el ceceo y el seseo, así como la tendencia a relajar ciertas consonantes, lo que le da al habla sevillana una sonoridad particular y un estilo propio, cargado de identidad y autenticidad. Además de los aspectos fonéticos, el habla sevillana se caracteriza por un vocabulario lleno de expresiones y modismos propios que reflejan la idiosincrasia local, así como por estructuras gramaticales y pragmáticas distintivas que aportan matices únicos a la comunicación. Estas particularidades no solo tienen un valor lingüístico, sino que también representan un elemento de pertenencia cultural para quienes la hablan, siendo símbolo de una identidad profundamente ligada a la historia de Andalucía. En este artículo, desde una perspectiva dialectológica, analizaremos en profundidad los rasgos distintivos del habla sevillana, explorando sus orígenes históricos, las influencias externas que han moldeado esta variedad y su evolución en el contexto del español peninsular. Además, se abordará la importancia del habla sevillana como un elemento de identidad y cohesión social, que trasciende la lengua y se convierte en un reflejo de la vida y costumbres de sus habitantes.

1.   RASGOS FONÉTICOS DEL HABLA SEVILLANA

El español hablado en Sevilla presenta rasgos fonéticos distintivos dentro del contexto de la variedad lingüística del andaluz, los cuales lo diferencian notablemente de otras variedades lingüísticas en España. Estos rasgos son característicos de la variedad del andaluz occidental, el cual incluye también las hablas de otras ciudades como Huelva, Córdoba y Cádiz. A continuación, se destacan algunos de los aspectos fonéticos más relevantes del español sevillano:

— *Seseo:* El seseo es uno de los rasgos más distintivos del español hablado en Sevilla capital. Consiste en la falta de distinción entre los fonemas /s/ y /θ/, de forma que palabras como «casa» y «caza» se pronuncian igual. Esto contrasta con el español del centro y norte de España, donde se utiliza la distinción entre /s/ y /θ/. Este fenómeno está tan arraigado en Sevilla que prácticamente toda la población sesea. Cabe destacar que el resto de la provincia de Sevilla es predominantemente ceceante, es decir, en las zonas rurales se cecea y en Sevilla capital se sesea (como se podrá apreciar en el mapa del ALEA). El ceceo consiste en la pronunciación de los fonemas /s/ y /θ/ (el sonido de «z» o «c» ante «e» e «i») con un único sonido interdental [θ]. Esto quiere decir que no se distingue entre palabras como «casa» y «caza», pronunciándolas ambas con un sonido interdental, como *[káθa]*. En el ceceo, todos los sonidos de «s», «z» y «c» ante «e» o «i» se realizan de esta forma, lo que genera homofonía entre palabras que en otros dialectos son diferentes. También cabe resaltar que ambos fonemas, tanto la /s/ como la /θ/ son dentales en la variedad lingüística del andaluz, a diferencia del español septentrional donde se trata de un fonema alveolar y el otro interdental. El fenómeno del ceceo y seseo en el español se originó como resultado de un complejo proceso de evolución fonológica que comenzó en los siglos XIV y XV. En el castellano medieval, las sibilantes se dividían en varios fonemas que diferían tanto por el lugar de articulación como por la sonoridad. Había, por ejemplo, una distinción clara entre sonidos como /ş/ (s sibilante apical) y /ẓ/ (su equivalente sonoro), además de las fricativas dentales /ş/ y /ẓ/. Sin embargo, a lo largo del siglo XIV, se empezó a producir un proceso de reajuste fonológico que condujo a la neutralización de algunas de estas distinciones, marcando una tendencia hacia una mayor economía lingüística. Así, en el sur de la península, particularmente en Andalucía, este reajuste tuvo un desarrollo diferente. Mientras que en el norte se mantuvo la distinción entre /s/ (apicoalveolar) y /θ/ (interdental), en el sur, la neutralización fue más completa eliminando la distinción entre [s] y [θ].

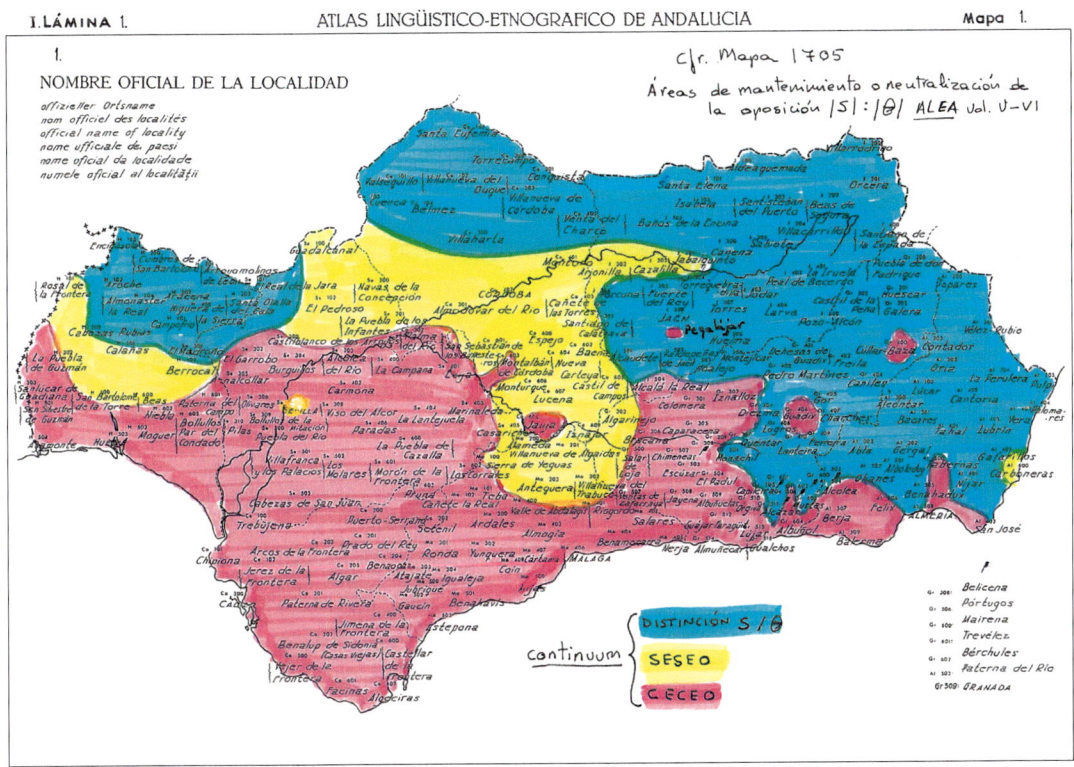

Figura 1. El mapa del ALEA donde se ven las zonas de seseo, ceceo y distinción en toda Andalucía

— *Aspiración o elisión de la /s/ final:* Uno de los rasgos más característicos del español sevillano es la tendencia a aspirar o elidir la /s/ cuando aparece en posición final de sílaba o de palabra. En lugar de pronunciarse de forma plena como en otras regiones de España, en Sevilla la /s/ suele pronunciarse como una ligera aspiración [h] o incluso desaparece por completo. Por ejemplo, «los amigos» puede pronunciarse como «*loh amigoh*» o incluso «*lo amigo*». Recientemente se ha observado también un nuevo fenómeno en expansión de una variante postaspirada [th] o africada [ts] como realización del segmento en palabras donde la /s/ es seguida de una /t/. Por ejemplo, la palabra fiesta, se puede pronunciar como una simple /s/ aspirada [*fiehta*], o como la /s/ postaspirada [*fiehtsa*] donde el sonido se parece a una [ts].

— *Yeísmo:* El yeísmo es un fenómeno común en muchas zonas hispanohablantes, y Sevilla no es la excepción. Consiste en la neutralización de la diferencia entre los sonidos /ʎ/ (la «elle») y /ʝ/ (la «y»), de modo que ambas letras se pronuncian de la misma forma. Así, palabras como «halla» y «haya» se pronuncian igual. En Sevilla, al igual que en la mayoría del territorio español, el yeísmo es generalizado y no se percibe distinción entre estos sonidos.

— *Pérdida de la /d/ intervocálica:* En Sevilla, es común la elisión de la /d/ en posición intervocálica, especialmente en palabras terminadas en -*ado*. Así, palabras como «cansado» o «amado» suelen pronunciarse como «*cansao*» o «*amao*». Este rasgo es también compartido con otras regiones de Andalucía y con el español caribeño. También es posible la pérdida de la /d/ intervocálica en palabras que terminan en -*ida* (*vía* en vez de vida) o -*ido* (*sufrío* en vez de sufrido), aunque estos casos son más escasos y relacionados, sobre todo, con un contexto informal.

— *Aspiración de la /x/:* La /x/, que se representa gráficamente con la letra «j» o con la combinación «g» + «e/i» (como en «gente» o «jamón»), se realiza en Sevilla generalmente con un sonido aspirado suave, cercano a [h]. Este rasgo hace que en vez de una fricativa velar [x] como en otras partes de España, se produzca un sonido más leve, especialmente en posiciones iniciales y medias de palabra. Así, palabras como «jamón» o «gente» pueden sonar aproximadamente como «*hamón*» y «*hente*». La articulación de este sonido permite establecer un claro límite geográfico entre las hablas andaluzas occidentales y orientales. Mientras que en el andaluz occidental se pronuncia una aspiración, el andaluz oriental mantiene la fricativa velar propia del español septentrional e incluso la refuerza.

— *Rotacismo:* El rotacismo es un fenómeno fonético que consiste en la sustitución o transformación del sonido /l/ en /r/ en ciertas posiciones dentro de una palabra. Este fenómeno se da especialmente en algunas variedades del español andaluz, aunque también puede observarse en otras lenguas y dialectos. Por ejemplo, cuando la /l/ aparece en posición final de sílaba, como en las sílabas -al, -el, o -il: ['kardo] en vez de caldo o ['farda] en vez de falda. El rotacismo en la variedad del andaluz suele ocurrir de manera regular en algunas zonas rurales y urbanas de Andalucía occidental, en ciudades como Sevilla y Cádiz. Puede explicarse como una simplificación articulatoria; la /r/ (consonante líquida vibrante simple) es una consonante cercana en términos de lugar de articulación a la /l/ y en algunos contextos, el cambio de /l/ a /r/ es más sencillo de articular para ciertos hablantes. El rotacismo en el habla andaluza es percibido por algunos como un rasgo característico y distintivo, aunque en ciertos contextos sociales puede considerarse una variante menos formal del habla. Sin embargo, es una característica que forma parte de la identidad lingüística andaluza y que, aunque no ocurre en toda Andalucía, es bastante frecuente en algunas áreas.

— *Tendencia al relajamiento consonántico:* El español sevillano muestra una tendencia general hacia el relajamiento y debilitamiento de ciertas consonantes, especialmente en posición final de palabra. Esto puede observarse en la elisión o aspiración de la /s/ final, en la pérdida de la /d/ o /r/ final y en otros casos en los que consonantes finales tienden a desparecer o a realizarse de forma más suave (por ejemplo, *entendé* en vez de *entender*, o *bondá* en vez de *bondad*).

— *La ch aflojada:* El fenómeno de la «ch aflojada» o «ch relajada» consiste en la articulación del sonido /tʃ/ (la consonante africada palatal sorda que corresponde al sonido de la «ch» en español) como una fricativa palatal o alveopalatal más suave. Esto quiere decir que, en lugar de pronunciarse como una africada fuerte, similar al sonido habitual de «ch» en palabras como «chico» o «mucho», se pronuncia de una manera más relajada o debilitada, aproximándose a un sonido más suave, como /ʃ/ (similar al sonido de «sh» en inglés, como en «she»). Mientras que la articulación de /tʃ/ implica una pequeña oclusión y luego una fricción (lo que genera el sonido de «ch»), en el caso de la «ch aflojada» el sonido se produce sin esta oclusión inicial y con una fricación más ligera. En ciertos contextos, puede asociarse con determinadas clases sociales o regiones y algunos hablantes pueden evitarlo en situaciones más formales, aunque esto varía ampliamente. Es común sobre todo en las provincias de Sevilla y Cádiz.

— *El jejeo:* El jejeo consiste en pronunciar la /s/ en posición inicial de sílaba o palabra como una aspiración /h/, y además se extiende a las palabras que contienen el sonido /x/ (representado por «j» o «g» antes de «e» e «i»). Así, tanto la /s/ como la /x/ tienden a articularse de forma similar, con un sonido fricativo aspirado más suave, lo que genera una especie de «jejeo». En Sevilla, este fenómeno puede escucharse en algunos hablantes, aunque no es tan frecuente como en otras zonas de Andalucía. En la capital sevillana, lo más común es la aspiración de la /s/ final de sílaba o su elisión, mientras que el jejeo como una forma generalizada es menos común y se observa principalmente en áreas rurales o en hablantes que tienen contacto con dialectos donde este fenómeno es más marcado. Por ejemplo, cuando sí se pronuncia como [*hi*], o *nosotros* como [*nohotroh*]. A pesar de su limitada extensión como rasgo distintivo principal, el *heheo* aparece de forma esporádica en contextos informales dentro del habla relajada y familiar de hablantes andaluces de diversas regiones, incluso en aquellos que no son *heheantes* regulares. Sin embargo, el análisis del fenómeno desde una perspectiva geográfica y demográfica indica que su empleo sistemático está restringido a grupos muy específicos y reducidos, lo que lo convierte en un rasgo marginal en términos generales.

En resumen, el español hablado en Sevilla es una variedad rica en particularidades fonéticas que reflejan tanto la historia como la identidad cultural de la región. Estos rasgos, compartidos en gran medida con otras hablas andaluzas, han influido en otras zonas hispanohablantes y reflejan la evolución dinámica de la lengua en el sur de España. A continuación, se puede apreciar un breve fragmento de una de las obras de los hermanos Álvarez Quintero, donde se hacen visibles algunos de estos rasgos fonéticos a nivel ortográfico. Además, el fragmento muestra las diferencias entre el habla de

Sevilla capital y el de Sevilla rural, dado que uno de los personajes sesea y el otro cecea.

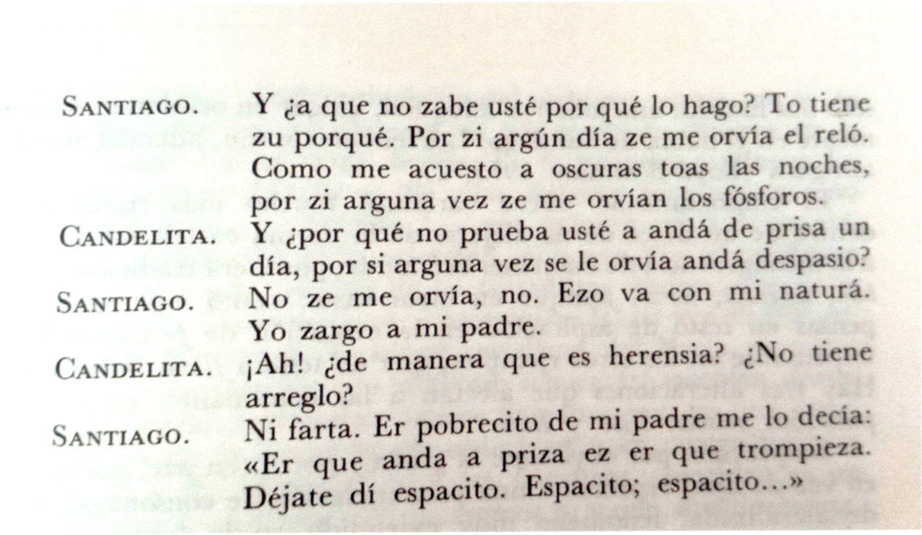

SANTIAGO. Y ¿a que no zabe usté por qué lo hago? To tiene zu porqué. Por zi argún día ze me orvía el reló. Como me acuesto a oscuras toas las noches, por zi arguna vez ze me orvían los fósforos.

CANDELITA. Y ¿por qué no prueba usté a andá de prisa un día, por si arguna vez se le orvía andá despasio?

SANTIAGO. No ze me orvía, no. Ezo va con mi naturá. Yo zargo a mi padre.

CANDELITA. ¡Ah! ¿de manera que es herensia? ¿No tiene arreglo?

SANTIAGO. Ni farta. Er pobrecito de mi padre me lo decía: «Er que anda a priza ez er que trompieza. Déjate dí espacito. Espacito; espacito...»

Figura 2. El diálogo entre dos personas de Sevilla, una seseante (de Sevilla capital) y la otra ceceante (de la zona rural)

2. EXPRESIONES POPULARES EN EL HABLA SEVILLANA

En este apartado, vamos a centrarnos en algunas expresiones coloquiales propias de los habitantes de la capital andaluza, representando distintas generaciones y géneros. Se basa en encuestas realizadas a personas con diferentes niveles educativos (con o sin estudios) sobre el habla urbana de Sevilla. Los temas tratados en las encuestas, como la feria, la Semana Santa o la vida cotidiana, buscan generar un ambiente relajado que favorezca una conversación natural y espontánea. Aunque hay cierta estructura de preguntas y respuestas, se trata de entrevistas semidirigidas que permiten captar las características del lenguaje oral, coloquial y conversacional. El lenguaje coloquial es una forma de expresión común y universal que no se limita a una clase social específica, ya que todos los hablantes lo utilizan en distintos contextos de la vida cotidiana. Sin embargo, en el caso de los hablantes de nivel sociocultural bajo, el registro coloquial suele ser el principal e, incluso, el único que dominan. Esto se debe a que, en muchos casos, su exposición a registros formales o académicos es limitada, lo que refuerza el uso constante del lenguaje coloquial tanto en situaciones informales como en aquellas donde podrían emplearse registros más elevados.

Estos serían algunos rasgos que caracterizan este nivel semántico:

— El uso de ciertas palabras para expresarlo casi todo *(cosa, eso, así)*.
— La tendencia hacia la intensificación *(mogollón, horroroso)* o expresiones exclamativas *(ojú)*.
— La abundancia de expresiones metafóricas *(Está sordo como una tapia)*.
— El uso excesivo de verbos tirar y coger en contextos donde podrían ser reemplazados por otros verbos *(Ya tiro para casa)* o *(Vamos a coger la feria)*.

Vamos a ver algunos ejemplos más concretos:

E: SE COGE ¿QUÉ? ¿LA FERIA O...?
I: LA FERIA Y LA *PAPA,* LAS DOS COSAS.

PAPA: En esta conversación se usa con el significado de embriaguez. Por el tema de la conversación conocemos su valor significativo. Están hablando de la Feria de Abril, donde se suele comer y beber bastante y de ahí el tópico de que se suele «coger la papa». Este término solo se recoge en el *Tesoro léxico* con el significado de borrachera.

I: NO EL TÓPICO DEL CHISTE Y LA GRACIA, ES QUE LA GENTE TIENE OTRO ... OTRO CARÁCTER, ES MÁS ABIERTA [...] NOSOTROS SOMOS ASÍ, SOMOS MÁS ALEGRES, MÁS ABIERTOS. NO... NO YA, NO *CHUFLA* NI *CACHONDEO* NI CHISTOSO, SINO QUE TENEMOS UN CARÁCTER MÁS ABIERTO, MÁS ALEGRE...

CHUFLA: según el DRAE, viene de chufleta, que significa coloquialmente «palabras de chanza».
CACHONDEO: aparece en el DRAE como coloquialismo, sin embargo, este lexema está socialmente aceptado en una situación cotidiana de comunicación. Se ha extendido para referirse al hecho de pasarlo bien, de divertirse.

I: [...]HASTA LAS CINCO O LAS SEIS, DEPENDE DEL *ROLLO* QUE TENGA, ¿NO? SI TENGO UN *ROLLO* EN CONDICIONES, TARDE O NO APAREZCO. NORMAL, EN SEVILLA NO HAY MUCHO

AMBIENTE. EN … LA COSA NO ESTÁ… ESTÁ MUY *CHUNGA* POR LA NOCHE […]

ROLLO: término coloquial que puede significar «relación amorosa generalmente pasajera» o «asunto del que se habla o trata» (DRAE). En el ejemplo se refiera a la 1.ª, también recogido en el DEA.

CHUNGA: recogida en el DRAE. En el ejemplo significa «burla festiva» (la gente está de chunga, mal de la cabeza). Sin embargo, la academia le da un significado negativo, como «algo malo». El significado depende del contexto.

I: LA MUJER DE FEDE PARA MÍ, PSS, MÁS O MENOS IGUAL; UN POCO MENOS, PERO YO LE SACO LA MISMA CONCLUSIÓN, CASI LA MISMA, VAMOS: ASÍ UN POQUILLO *RANCIA* ¿NO?

RANCIA: según el DRAE, hace referencia a cuando la comida o bebida se pudren o cogen un sabor más intenso. En el *Tesoro léxico de las hablas andaluzas* se recoge como un adjetivo que significa «desagradable» y es el significado que se le da en este contexto.

I: […]PERO ESO ES IMPOSIBLE, ESO MEJOR HAY QUE DEJARLO PORQUE HAY MUCHOS *ENCHUFES;* AHÍ NADA MÁS QUE ENTRAN LOS ENCHUFADOS.

ENCHUFE: en sentido figurado, «persona que ha obtenido un cargo o destino sin méritos, bien por amistad o por influencia política». Se registra este significado en el DRAE, DEC y DEA.

I: […] y CARMEN SE QUEDÓ ASÍ MIRANDO: «VAYA *SIESA* ESTA QUE VIENE AQUÍ A DARNOS LA VARA A NOSOTROS».

SIESA: «inaguantable, molesta o despreciable», sinónimo de «persona antipática». Se registra en el *Tesoro léxico*.

Vamos a ver ahora algunas frases hechas comunes en el habla sevillana. Estas expresiones fijas, al ser utilizadas, se procesan de manera global en la mente del hablante y son interpretadas «en bloque» por el interlocutor, sin necesidad de analizar cada palabra individualmente. A continuación, presentamos algunos ejemplos ilustrativos de este fenómeno:

— NO ENTENDER UNA PAPA: Expresión que significa «no entender nada».

Ejemplo: Mira, yo de esto *no entiendo una papa,* haz el favor de explicármelo.

— NO DAR UNA EN EL CLAVO: Indica que alguien «no acierta». *Ejemplo:* Cuando torea, desde luego, es para reventar porque es el único de verdad, pero después *no da una en el clavo.*

— DARLE A ALGUIEN UN AVENATE: Se refiere a un arrebato o impulso repentino, vinculado a una «locura momentánea». *Ejemplo:* Ahora vamos a ver si me da el *avenate* y me pongo a hacer algo.

— DEJAR A ALGUIEN TIRADO: Significa «ser abandonado» o «ser dejado de lado». *Ejemplo:* El día de Nochebuena iba con la chavala, pero por lo que pasó no vino, y el día 31, si tú estás convencido de que va a venir y luego te deja *tirado,* ¿a dónde vas a buscar a otra chavala?

— ESTAR TIESO COMO UNA MOJAMA: Significa estar sin dinero. *Ejemplo:* Este mes no salgo porque estoy más tieso que una *mojama.*

— ESTAR *EMPANAO*: Se refiere a estar distraído o desorientado. *Ejemplo:* Espabila, que estás *empanao* y no te enteras de nada.

— IR CIEGO: Significa estar muy borracho. *Ejemplo:* Cuando volvía de fiesta, iba muy *ciega* y no me di cuenta de que no había nadie.

— DAR CORAJE: Significa dar rabia. *Ejemplo:* Me da mucho *coraje* ese tipo de situaciones.

— PEGARSE UNA *PECHÁ*: Significa exceder en cantidad. *Ejemplo:* Nos hemos pegado una *pechá* de reír que se nos saltaron las lágrimas.

Estos ejemplos muestran cómo estas expresiones enriquecen el discurso coloquial, dotándolo de vivacidad y cercanía y cómo son fundamentales para la interpretación contextual en la comunicación oral. Algunas de ellas están recogidas en los diccionarios, pero otras todavía no se han registrado o han adquirido nuevos significados. También se ha observado que el lenguaje coloquial está siempre influenciado por el contexto social en el que se utiliza. En otras palabras, formar parte de un grupo social implica adoptar ciertos rasgos lingüísticos que lo identifican y lo distinguen de otros grupos.

En conclusión, el habla sevillana es una manifestación viva de la diversidad lingüística y cultural del español, caracterizada por su riqueza fonética, léxica y expresiva. A lo largo de este análisis, se ha evidenciado cómo los rasgos distintivos del español hablado en Sevilla, como el seseo, la aspiración de la /s/ y las expresiones coloquiales, son reflejo de una evolución histórica única y de la idiosincrasia de sus hablantes. Estos fenómenos, además de aportar identidad a quienes los emplean, son también testimonio de la interacción entre la lengua y la cultura, consolidándose como un elemento clave en la construcción de la identidad sevillana. Lejos de ser simples peculiaridades, estas características lingüísticas tienen un profundo valor dialectológico y cultural, ya que conectan a los hablantes actuales con sus raíces históricas y con el entorno sociocultural en el que se desarrollaron. Además, el análisis de expresiones populares y frases hechas ilustra cómo el lenguaje no solo comunica, sino que también transmite valores, tradiciones y formas de ver el mundo propias de Sevilla y su entorno. Por tanto, el estudio del habla sevillana no solo enriquece nuestra comprensión del español, sino que también nos invita a valorar la diversidad lingüística como un patrimonio intangible que merece ser preservado y comprendido. La lengua, en su riqueza y variedad, sigue siendo un puente entre generaciones y un símbolo de identidad y orgullo para sus hablantes.

Bibliografía

GUILLÉN SUTIL, Rosario (2015): «Expresiones coloquiales en el habla popular de Sevilla», en Juana Santana Marrero, Marta León-Castro Gómez y Adamantía Zerva (eds.), *Sociolingüística andaluza 17. La variación en el español actual. Estudios dedicados al profesor Pedro Carbonero*. Sevilla: Editorial Universidad de Sevilla, 177-191.

MARCOS MARÍN, Francisco (1988): *El comentario lingüístico (metodología y práctica)*. Madrid: Ediciones Cátedra.

NARBONA JIMÉNEZ, Antonio, CANO AGUILAR, Rafael y MORILLO-VELARDE PÉREZ, Ramón (1998): *El español hablado en Andalucía*. Sevilla: Editorial Universidad de Sevilla.

Teskiyá y *noniná.* *Vamos a poner un poné* entre teorías y usos de las expresiones idiomáticas

Emanuela Todisco
Universidad de Sevilla

1. Introducción

Cuando me dijeron por primera vez «Tú no tienes abuela, ¿no?», respondí con tristeza, explicando que, efectivamente, mis dos abuelas habían fallecido. No venía a cuento –para mí– que alguien interrumpiera una conversación con un comentario tan personal y algo fuera de contexto. Se veía sorprendido por mi expresión facial, mi interlocutor, ya que él lo preguntaba con una sonrisa, sonrisa a la cual respondí con seriedad frunciendo el ceño. Me tomó un tiempo regresar a la conversación y darme cuenta de que mi interlocutor no hablaba sobre mi familia, sino destacaba que yo tenía una opinión positiva de mí misma y no necesitaba validación externa. Después de casi nueve años viviendo en España y consultando mis libros de español como lengua extranjera, todavía dudo, en ocasiones, de esta explicación, como si fuera una de las trampas comunes para los extranjeros al aprender palabras y estructuras «divertidas». De todos modos, en cuanto lingüista, la incluí en mi libreta, bajo la categoría de «expresiones idiomáticas/refranes a estudiar».

Esto fue solo el comienzo de una serie de conversaciones en las que, tal vez por deformación profesional, identificaba, anotaba e intentaba integrar en mis interacciones los refranes que iba aprendiendo durante mi estancia en España, específicamente en Mallorca y luego en Andalucía. Mi favorita era «no te vayas de Guatemala a guatepeor», refrán que –cambiando de sitio– se transformó en «salir de Málaga para meterse en Malagón». Reuniendo algunas de estas estructuras, he llegado a escribir este capítulo que se centra en el lenguaje figurado hablado en Sevilla. Cuando se me solicitó escribirlo, lo primero que pensé fue: ¿qué puede aportar una italiana a la investigación sobre el habla sevillana? Después de varias semanas de búsqueda, me enfoqué en uno de los mayores desafíos para un extranjero en Sevilla: comprender por qué se deben negar tres veces para reforzar una afirmación (es decir, *noniná*); la evolución semántica de la palabra «poner» (suponer → poner → *poné*); y aceptar que el refrán italiano «*Chi va a Roma perde la poltrona*» podría ser simplemente una traducción del refrán sevillano «Quien se fue a Sevilla, perdió su silla» (o al revés).

Ahora bien, en este capítulo nos enfocaremos en la semántica del andaluz, en particular en las frases idiomáticas características de Sevilla. Indagaremos en sus significados y en algunas de la teorías lingüísticas y psicolingüísticas que se han centrado en el tema, para desvelar algunos procesos cognitivos cruciales del habla y de la comunicación. Utilizando ejemplos representativos de Sevilla y Andalucía, seleccionaremos expresiones y refranes que reflejen tanto la cultura oral como la cultura signada (Lengua de Signos Española, LSE), siendo las dos partes esenciales de una cultura multifacética.

2.   PALABRAS DE SEVILLA: SONIDOS, EXPRESIONES Y MODISMOS

En 1982, Pedro Carbonero escribía *El habla de Sevilla*. En el texto se subraya que la mayoría de la atención del habla sevillana se ha centrado –a menudo– en la fonética y esta no es una novedad. Desde un punto de vista geográfico y social, entre los fenómenos más conocidos por hablantes españoles y extranjeros se puede identificar el *seseo* como pronunciación típica y normal de la capital, que empujaría el *ceceo* a las zonas más rurales y, en general, a la provincia. Carbonero define Sevilla como un «islote» seseante en el medio de una zona ceceante, aunque no excluye influencias y movimientos hasta la coexistencia de las dos variantes (Carbonero, 1982). Muchos de los fenómenos lingüísticos –y más bien fonéticos– están relacionados con la pronunciación de la /s/. Decimos que los sevillanos viven sus /s/, la fricativa apical sorda clásica, en todas sus formas y colores. Uno de los casos más típicos es seguramente su aspiración, tal y como se puede apreciar en [ˈpaʰsta] –para «pasta»– o en [eʰsˈpera] – para «espera». Otros casos son la cancelación (es decir, elisión) de este mismo sonido como en [enˈtonse] en lugar de «entonces» y [autoˈbu] para autobús (Carbonero, 1982), hasta llegar a los efectos que estos mismos cambios generan en las consonantes adyacentes. A este respecto, estudios recientes sobre el habla sevillana subrayan el cambio que la aspiración de la fricativa apical sorda genera en la aproximante bilabial sonora inmediatamente siguiente: la vaca [laˈßaka] vs. las vacas [laˈvakas] (recomiendo la lectura del trabajo de Arróniz y Willis (2023) para profundizar en el tema ß/v).

De todos modos, a pesar de que al principio mi experiencia como lingüista extranjera en Sevilla me hacía clasificar todas las posibles apariciones de las /s/, las fricativas sordas, al inicio, en el medio y al final de las palabras, gradualmente me di cuenta de que la fonética comenzaba a *quedarme chica*. En realidad, el habla en su totalidad –y no solamente la sevillana– no se puede limitar únicamente a aspectos fonéticos, sino que se destaca por una variedad de fenómenos que van desde la pronunciación de las palabras (es decir, la interfaz fonético-fonológica) hasta los motivos detrás de la elección de una palabra en lugar de otra (es decir, la interfaz semántico-pragmática). Así que comencé a explorar más allá de los sonidos, incluso más allá de las palabras y lo que encontré fueron cadenas de palabras que, en algunas ocasiones, no tenían un significado exclusivamente literal. Aunque alguien me advertiría que me estaba adentrando en el lado oscuro de la lingüística, opté por continuar de todas maneras. Por lo tanto, si oía a la gente referirse a alguien diciendo «Eres más bueno que el pan de Alcalá» en la calle, deducía que esa persona no podía ser tan terrible, ya que el adjetivo «bueno» me sugería algo positivo. A pesar de ello, la deducción *se me quedaba corta*, ya que no podía realmente entender lo verdaderamente admirable que era esa persona. Y todo esto, por no haber degustado nunca (ni todavía) el pan de Alcalá. El motivo principal de mi falta de información se debía a que, a pesar de comprender correctamente la idea general de ese tipo de expresión, no contaba con un contexto de conocimiento previo que me permitiera apreciar los matices de esa información. Reconozco que a día de hoy aún me pregunto cuán bueno habría de ser esa persona –tendré que ir a Alcalá para resolverlo. Pero, ya que me coge un poco lejos, de momento me centraré en dar a mi lector/a más información acerca de las expresiones idiomáticas (o modismos).

Las expresiones idiomáticas son conjuntos de palabras cuyo sentido no se deriva solo de las palabras individuales que las forman, sino que se destacan por su complejidad semántica (del significado) y su profundidad pragmática (del uso). Podríamos afirmar que dan ciertos matices que trascienden las palabras en sí y, si reflexionamos un poco, coincidiremos en decir que es común utilizarlas frecuentemente en nuestras conversaciones cotidianas. Las expresiones idiomáticas, al igual que las expresiones culturales reconocidas, se utilizan tanto en la comunicación verbal y signada como en la escrita. Gracias a estas herramientas, podemos comunicar emociones y transmitir conocimientos y valores culturales que facilitan la comunicación.

Recientemente, en el *Diario de Sevilla,* se informó que, en La Línea de la Concepción, el ayuntamiento había instalado una señal nueva en las puertas de los colegios para evitar congestiones y favorecer la circulación. Una medida bastante efectiva si consideramos su lema: «Un besito y a *juí*», que aporta un toque lingüístico muy eficaz a la norma de tránsito. La expresión andaluza en cuestión es equivalente a la inglesa «Kiss and go», pero con un toque más andaluz al provenir de «a huir». Según confirmado por dos hablantes nativas sevillanas, significaría «terminado lo que estabas haciendo, vete directamente, sin entretenerte», siendo más creativo que simplemente «ir». Lo que se pretende comunicar con el cartel, no es «escaparse» como sugiere la traducción literal del verbo huir sino no quedarse allí después de haber dejado a los niños y a las niñas (ver foto en el siguiente enlace: https://www.diariodesevilla.es/andalucia/besito-jui-nueva-senal-trafico_0_2002838409.html).

Gracias a ese clarificador ejemplo, entendemos que, por su misma definición, una expresión idiomática (los modismos, refranes y las expresiones fijas) actúa también como frase figurativa, ya que los significados literales pueden ser poco eficaces en evocar imágenes más vivas. Lo que puede parecer su virtud, es también su defecto: ya que esta falta de transparencia puede complicar su interpretación, sobre todo si falta conocimiento del contexto cultural o lingüístico que los ha determinado. En este momento me estoy imaginando a los extranjeros que –al leer el cartel– se preguntan si están dejando sus hijos/as en un colegio seguro, ya que deben escapar al dejarlos/las.

Regresando a la lingüística de las expresiones idiomáticas, es importante señalar que hay diversos puntos de vista en torno a las teorías sobre su funcionamiento, interpretación y aprendizaje. Debido a limitaciones de espacio, en las próximas páginas nos enfocaremos en algunos de estos modelos, con el propósito de introducir el tema. Exploraremos tanto el énfasis en los procesos mentales, la conceptualización y la comprensión de las expresiones idiomáticas en el enfoque cognitivo. En relación a este tema, George Lakoff y Mark Johnson (1980) señalaban que los dichos no son arbitrarios, sino que revelan procesos cognitivos internos, ya que emanan de nuestra estructura conceptual y evidencian una habilidad creativa. Aquí, destacaremos además un enfoque pragmático centrado en el uso, el cual enfatiza la importancia de analizar las expresiones idiomáticas desde una perspectiva funcional, considerando su uso en contextos específicos y las intenciones comunicativas de los hablantes y oyentes en el complejo juego de la comunicación. Además, también nos centraremos en el enfoque sociolingüístico, que resalta la variación en las expresiones idiomáticas, demostrando cómo estas reflejan aspectos sociales y culturales que afectan sus significados. Todas estas perspectivas no son mutuamente excluyentes, sino que muestran la complejidad de las expresiones idiomáticas, las cuales presentan desafíos y oportunidades en su uso.

Teniendo en cuenta lo anterior, es importante resaltar que las expresiones idiomáticas son características de las culturas y pueden ser complicadas de traducir. Al intentarlo, a veces nos topamos en medio de (graciosos) malentendidos. Sin embargo, si se emplean adecuadamente y con respeto por las culturas, pueden promover la comprensión intercultural y disminuir las diferencias, revelando la vida lingüística y cultural de una comunidad, tanto hablada como signada.

3. EXPRESIONES IDIOMÁTICAS: LOS MODELOS TRADICIONALES

Lingüistas y psicolingüistas han estado (y seguimos) interesados en el estudio de las expresiones idiomáticas en el lenguaje por mucho tiempo, buscando caracterizar tanto la estructura interna de las lenguas como la estructura cognitiva interna de los hablantes/oyentes. Lo que hemos definido anteriormente como modismos, refranes y expresiones fijas son parte de una categoría más amplia de expresiones lingüísticas conocidas como lenguaje figurado o no literal, que también incluye la metáfora, el habla indirecta, el sarcasmo, la ironía, la metonimia. Como hemos ejemplificado, se trata de construcciones que requieren una comprensión que vaya más allá del significado literal para captar la intención comunicativa de las afirmaciones y el significado del hablante (es decir, lo que el hablante ha querido decir con una afirmación). Los investigadores han llevado a cabo análisis detallados de las particularidades estructurales de las expresiones coloquiales, incluyendo sus implicaciones metafóricas, su composición sintáctica y su claridad semántica. Además, se han estudiado los procesos mentales involucrados en la comprensión y creación de expresiones idiomáticas, proporcionando información sobre los procesos cognitivos relacionados con la comprensión y creación de modismos. También, la investigación se ha dedicado a entender los procesos mentales involucrados en la comprensión y creación de frases idiomáticas, tales como el uso de palabras, la conexión de significados y la deducción de intenciones.

A partir de dichas investigaciones y tras examinar minuciosamente los trabajos de Titone y Connine (1999) y de Vera-Moreno (2001), podemos reconocer principalmente dos enfoques: uno no composicional y otro composicional. Agregaremos a ellos el enfoque híbrido propuesto por Titone y Connine (1999) así como el enfoque basado en la teoría de la relevancia por Vera-Moreno (2001). Con el objetivo de contextualizar el estudio en las expresiones idiomáticas de Sevilla, se buscará incluir muestras tanto de la lengua hablada como de la lengua de signos (LSE) en Sevilla, con el propósito de explicar los procesos mentales involucrados en la creación y comprensión de dichas expresiones características de esta ciudad y su provincia (véase el Anexo para más ejemplos).

Enfoque no-composicional. De acuerdo con la teoría no-composicional, las frases idiomáticas se almacenan como unidades completas en nuestro léxico mental y se recuperan cuando las necesitamos. El nombre del enfoque implica que el significado de la expresión idiomática no se puede deducir analizando sus partes individuales, ya que cada una tiene una unidad sintáctica y semántica única asignada de manera arbitraria. Pensemos en las frases hechas «no tener abuela» y «más largo que un día sin pan», cuyos significados literales no coinciden con sus significados figurados. En el primer ejemplo, «no tener abuela» se refiere a tener una alta autoestima o presumir; pero en el segundo caso, aunque parezca más directo, el análisis estructural no indica que la expresión signifique «aburrimiento».

Desde el punto de vista de la lingüística, el hecho de que las expresiones idiomáticas fueran equivalentes a secuencias largas de palabras dio lugar inicialmente a la especulación de que el comportamiento sintáctico de estas expresiones se correspondía con el significado idiomático de una manera muy directa (véase las referencias a Chomsky, 1980 en Titone y Connine, 1999). En otras palabras, continuaríamos interpretando el concepto de «presumir» aunque se presentara de formas diversas como en «no tienes abuela» o «no necesitas abuela», lo cual aporta información relevante para la teoría gramatical. Este enfoque se basa en la idea de que, de acuerdo con las gramáticas generativo-transformacionales que siguen el enfoque no composicional, dos formas sintácticas distintas de una expresión idiomática forman parte de la misma expresión. Esto resulta en una explicación más concisa de la flexibilidad sintáctica en comparación con las gramáticas no generativas, donde se considera que dos usos sintácticos diferentes de una expresión idiomática son instancias de expresiones idiomáticas separadas. No obstante, la explicación generativo-transformacional no es válida para todas las expresiones idiomáticas, pues existen situaciones en las que una modificación en la forma en que están construidas puede alterar o perder matices de su significado. ¿Estaríamos transmitiendo la misma información diciendo, por ejemplo, «no tienes abuelo» en lugar de «no tienes abuela» o que «un día sin pan es más largo que esto» en lugar de «esto es más largo que un día sin pan»? Imagino que habrá –entre las dos– una opción que nos suene mejor...

Desde el punto de vista de la psicolingüística, clasificar las expresiones idiomáticas como cadenas de palabras unitarias y no compositivas también es evidente en los primeros modelos de análisis. Estos modelos surgen como alternativas a métodos convencionales que entienden el lenguaje de manera literal, derivando el significado de un análisis compuesto estricto y creyendo que la comprensión de modismos y expresiones idiomáticas solo consiste en recordar los significados establecidos y arbitrario de las expresiones en sí. *Vamos a poner un poné,* en el Modelo de Procesamiento Literal (Bobrow y Bell, 1973 en Titone y Connine, 1999) se plantea que el acceso a una lista de expresiones idiomáticas en la memoria se realiza mediante un proceso idiomático específico. Un ejemplo de este enfoque es el Modelo de Tres Fases para entender metáforas (Searle, 1979), donde la comprensión de la expresión idiomática comienza con una interpretación literal y, si esto no funciona, se activa un enfoque idiomático para entender el significado figurado.

En contraste con el Modelo de Procesamiento Literal y como respuesta no-composicional, Titone y Connine (1999) presentan la propuesta de Swinney y Cutler (1979), el Modelo de Representación Léxica, según el cual las expresiones idiomáticas se almacenaban y recuperaban de forma similar a las palabras largas. Más concretamente, el cálculo de los significados literales y figurados iniciaría tras la presentación de la primera palabra de una expresión idiomática. Sin embargo, la recuperación automática de significados idiomáticos procedería de una especificación completa del significado literal, que implicaría tanto la recuperación como el análisis composicional de cada palabra. Este modelo fue respaldado por un estudio en el que se utilizó una tarea de clasificación visual de expresiones idiomáticas en inglés. Los tiempos de respuesta para decidir si una cadena de palabras era una estructura válida eran más cortos para las expresiones idiomáticas que para las expresiones literales que se usaron de control. De forma similar al Modelo de Representación Léxica, el Modelo de Acceso Directo propuesto por Gibbs (1986) afirmaba que los significados idiomáticos tienen prioridad computacional sobre los significados literales. Efectivamente, se recordarían mejor las expresiones idiomáticas en situaciones literales que las expresiones idiomáticas en situaciones idiomáticas. Se consideró que esta disparidad en la memoria era causada por un fenómeno de «doble codificación» (*double take* en inglés), donde las expresiones idiomáticas con sesgo literal se veían favorecidas al ser procesadas en dos niveles (tanto idiomático como literal, véase Titone y Connine, 1999: 1657-1658).

Finalmente, es importante mencionar que las investigaciones que analizan la importancia de la familiaridad con las expresiones idiomáticas y modismos también respaldaban la idea no-composicional. La familiaridad corresponde a la cantidad de veces que un individuo encuentra una palabra o signo en su forma escrita, hablada o signada y la medida en que conoce el significado de dicha palabra o signo. La familiaridad con las palabras ha sido comprobada como un factor crucial en el reconocimiento de palabras, metáforas nuevas y expresiones idiomáticas. Estos resultados emergen de estudios acerca de los tiempos de lectura de frases que contenían estas estructuras. Cuando las expresiones idiomáticas eran familiares los tiempos de lectura eran más cortos que los de frases que contenían modismos poco familiares (*cf.* Cronk y Schweigert, 1992 en Titone y Connine, 1999). Estos estudios indican que las frases hechas, al igual que las palabras, son interpretadas más rápidamente según la familiaridad que tenga quien la use o escuche. Lamentablemente, aún no existe una amplia gama de investigaciones sobre el análisis y los tiempos de respuestas de modismos y expresiones idiomáticas en lenguas de signos para poder realizar una comparación rigurosa. La intuición llevaría a pensar que los resultados sean iguales y comparable con los de las lenguas orales. En otras ocasiones presentaremos datos al respecto.

Para concluir con este enfoque, cabe destacar que a pesar de que varían en los detalles específicos, los modelos de procesamiento de frases idiomáticas presentados previamente para ejemplificar el enfoque no-composicional comparten la idea de que los significados idiomáticos son diferentes de los literales. Entonces, una interpretación idiomática surge de entender un significado completo y arbitrario, mientras que una interpretación literal proviene de combinar los significados de las palabras individuales. La principal dificultad que podríamos identificar es que las expresiones idiomáticas tienen una fuerte estructura semántica interna y el procesamiento no se detiene al encontrar estas estructuras durante la comprensión.

Enfoque composicional. Al reconocer la función que desempeñan los distintos elementos (como las palabras) en la interpretación de las expresiones idiomáticas, el proceso se distingue por ser un *continuum* compuesto. El punto de vista tradicional sobre cómo se representan y procesan las expresiones idiomáticas considera que sus significados se forman al mismo tiempo de los significados literales y de la interpretación en un contexto específico. Por lo tanto, muchos trabajos que siguen el enfoque composicional se centran en investigar cómo las expresiones idiomáticas varían en su estructura semántica interna y en las implicaciones de procesamiento que estas variaciones tienen (Titone y Connine, 1999). Según lo que hemos observado a través del enfoque no-composicional, el enfoque composicional también muestra diversas propuestas. Entre ellas, nos fijaremos en las propuestas de clasificación de las expresiones idiomáticas. La primera, describe las expresiones idiomáticas en base al grado de reducción en sus partes constituyentes:

1 a. *Expresiones idiomáticas normalmente descomponibles,* en las cuales una parte se usa literalmente (por ejemplo, *teskiyá* que deriva de «te quieres ir ya» con sentido exhortativo o *más bueno que el pan de Alcalá*).

1 b. *Expresiones idiomáticas «anormalmente» descomponibles,* en las cuales los referentes de las partes de un modismo pueden identificarse metafóricamente (por ejemplo, la palabra «poné» en *vamos a poner un poné*).

1 c. *Expresiones idiomáticas no descomponibles,* en las cuales el significado de la expresión idiomática no se puede derivar de las palabras que componen la cadena (por ejemplo, *estar ennortao*).

Figura 1. El signante está produciendo el modismo «sacar provecho». Como podemos apreciar en la foto, su significado metafórico es opaco. De manera intuitiva, el examen de los signos podría hacernos considerar algo vinculado a la alimentación, como por ejemplo «sentirse satisfecho/lleno». En contra, tanto el contexto como el conocimiento previo del modismo en LSE nos revelan el sentido que subyace en o específico. El mismo grado de opacidad se observa en la expresión idiomática *Quien tiene un tío, en Graná/ Alcalá, ni tiene tío ni tiene na*, pues a pesar de mencionar a un familiar, lo que realmente se quiere transmitir es la futilidad de presumir o decir sin evidencias sólidas. En ambos casos, tras explicar el modismo, los elementos obtienen mayor significado (Imagen proporcionada por la Fundación de Accesibilidad y Personas Sordas de Andalucía)

Algunas investigaciones sobre el procesamiento de expresiones idiomáticas evidencian que las personas pueden leer más rápido las expresiones que se pueden descomponer en comparación con aquellas que no se pueden descomponer. Estos resultados sugieren que los significados literales de las palabras facilitan la comprensión de las expresiones idiomáticas en la medida en que se solapan semánticamente con el significado idiomático. También se ha comprobado la relación entre la facilidad que tiene un modismo para dividirse en unidades menores y su flexibilidad sintáctica: las expresiones idiomáticas clasificadas como descomponibles se consideran más flexibles sintáctica y léxicamente que las clasificadas como no descomponibles. Estos resultados sugerirían que las características semánticas del significado de la palabra dirigen el significado idiomático (véase Gibbs y O'Brien, 1989 en Titone y Connine, 1999).

Por otro lado, Cacciari y Glucksberg (1991) sugieren otra manera de categorizar las expresiones idiomáticas según su nivel de transparencia. En la clasificación a continuación, adaptaremos la categorización no solo a las expresiones idiomáticas de Sevilla y Andalucía sino a la LSE, y más específicamente a su variedad andaluza/sevillana.

2 a. *Opacas,* cuando los componentes presentan alguna restricción en la comprensión por culpa de los significados de las palabras. Este es el caso del modismo «sacar provecho» en LSE o *Quien tiene un tío, en Graná/Alcalá,* ni tiene tío ni tiene ná, donde el sentido literal no revela el significado del interlocutor –al menos en su primera expresión.

2 b. *Transparentes,* en las que hay una relación directa entre los significados literales de las palabras y el significado idiomático. Se podría pensar, por ejemplo, al caso de «bueno de corazón» en LSE o *teskiyá.*

Figura 2. La signante está produciendo el modismo «Bueno de corazón». Como se puede ver en la imagen, los elementos del modismo son trasparentes ya que muestran una relación directa entre el significado literal y el significado del hablante. Lo mismo se puede resaltar con el análisis de los componentes de la expresión fija *Teskiyá* que proviene de la contracción de la exhortación más extensa «Te quieres ir ya», con el significado de «Vete ya» (Imagen proporcionada por la Fundación de Accesibilidad y Personas Sordas de Andalucía)

2 c. *Cuasi metafóricas,* estas frases tienen un significado literal que se relaciona con su significado idiomático. Se haga referencia al modismo «echar el muerto» en LSE y a la expresión sevillana *Noniná.*

A diferencia de las clasificaciones anteriores, Nunberg *et al.* (1994) argumentan que las expresiones idiomáticas pueden variar en tres dimensiones semánticas diferentes a la vez.

Figura 3. El signante está produciendo el modismo «echar el muerto». Tal como se muestra en la imagen, los componentes del signo no tienen una relación directa con el concepto de culpar a alguien, ni siquiera tras explicarse. Se asume que la relación es, por lo tanto, metafórica, similar a la expresión sevillana *Noniná,* donde se acepta que la repetición múltiple de negaciones incrementa el tomo asertivo en entornos informales, independientemente de la norma gramatical (Imagen proporcionada por la Fundación de Accesibilidad y Personas Sordas de Andalucía)

3 a. *Composicionalidad,* implica la capacidad de desglosar un significado idiomático en partes una vez se entiende claramente. Es importante señalar que, en ocasiones, algunas palabras en expresiones idiomáticas se vuelven polisémicas al adquirir múltiples significados por ser utilizadas con frecuencia. Podemos mencionar de nuevo la palabra «*poné*» en *vamos a poner un poné,* donde ha tomado el significado de «ejemplo» posiblemente derivado de «suponer».

3 b. *Convencionalidad* se relaciona con la imprevisibilidad de los significados idiomáticos basándose en el conocimiento de los componentes individuales de una palabra y las convenciones de un entorno lingüístico específico (Nunberg *et al.*, 1994). Como en el caso de la expresión *eso lo va a hacer el guardia de la Campana*, el significado de «es difícil» no sería fácil de entender para un extranjero o alguien que

no conozca Sevilla, ya que la palabra «campana» puede no estar inmediatamente asociada con el barrio específico, sino con el objeto. La expresión idiomática sonará natural para aquellos que pertenecen a la comunidad lingüística específica sevillana, ya que no tendrían dificultades para comprenderla dada su convencionalidad dentro de esa comunidad. Al mismo tiempo, es posible que la convencionalidad de una expresión esté vinculada a la frecuencia de aparición de dicha expresión.

3 c. *Transparencia,* hace referencia a qué tan fácil es entender la motivación original detrás de estas frases. Una expresión idiomática se consideraría transparente si su significado idiomático se relaciona directamente con una interpretación literal de la misma. Esta podría ser la situación con la frase idiomática *más pesao/á que la pata de un paso,* la cual, a pesar de requerir conocimiento de la tradición sevillana de la Semana Santa, se muestra como algo muy accesible para distintos usuarios.

En Titone y Connine (1999), se destaca que, según Nunberg *et al.* (1994), las dimensiones de composicionalidad, convencionalidad y transparencia han sido ampliamente malinterpretadas. En otras palabras, la composicionalidad ha sido frecuentemente empleada como un término general para explicar cualquier posible conexión semántica entre los significados y las partes de las expresiones idiomáticas. Para eliminar esta confusión, sugieren distinguir entre *combinaciones idiomáticas* y *oraciones idiomáticas.* Las *combinaciones idiomáticas* tienen un significado especializado que se divide entre las palabras, mientras que las *oraciones idiomáticas* tienen un significado especializado que no se divide entre las palabras. Además, tanto las combinaciones idiomáticas como las oraciones idiomáticas pueden ser más o menos convencionales y transparentes.

Para resumir el enfoque composicional, cabe destacar que la representación y el procesamiento de las expresiones idiomáticas se parece mucho al procesamiento del lenguaje literal. Las partes idiomáticas suelen corresponderse con los significados idiomáticos, ya sea de un modo que queda claro en el primer encuentro con una frase idiomática o de un modo que evoluciona a lo largo de su experiencia. Por lo tanto, cuando se encuentra una expresión idiomática, su significado se construye (hasta cierto punto, como subrayan Titone y Connine, 1999) a partir de los significados literales de sus componentes. En términos lingüísticos, el modelo muestra una representación correcta de la flexibilidad semántica y sintáctica, corroborada por investigaciones sobre el procesamiento de expresiones idiomáticas literalmente en la comprensión. Claramente, este enfoque también tiene posibles dificultades. Entre ellas, podemos mencionar la diferencia entre los significados idiomáticos y literales de las expresiones. Por ejemplo, la expresión *ser más bueno que el pan de Alcalá* tiene un significado idiomático cuando se refiere a una persona, pero también un significado literal cuando se trata de comparar dos trozos de pan.

4. EXPRESIONES IDIOMÁTICAS: LOS MODELOS HÍBRIDOS Y «RELEVANTES»

Los modelos tradicionales de los cuales acabamos de ver las características generales han guiado e incentivado la creación de nuevos modelos centrados en el estudio del uso y procesamiento de las expresiones idiomáticas. En esta sección nos dedicaremos a describir brevemente dos de estos modelos: el enfoque híbrido (en Titone y Connine, 1999) y el enfoque basado en la teoría de la relevancia (en Vera-Moreno, 2001).

Un enfoque híbrido. Titone y Connine (1999) sugieren un enfoque que aboga por un modelo híbrido de comprensión de las expresiones idiomáticas, que combina tanto el modelo composicional como el modelo no-composicional. En otras palabras, es un enfoque que ve las frases idiomáticas como combinaciones de palabras individuales y secuencias de palabras compuestas.

La principal característica de este modelo es mostrar que la activación de los significados idiomáticos y literales durante la comprensión dependen de la convencionalidad y composicionalidad de las expresiones idiomáticas (Nunberg *et al.*, 1994). Se puede deducir que el modelo sigue una estructura muy parecida a la de los modelos mencionados anteriormente. En cuanto a la composicionalidad, entendemos que las frases hechas son interpretadas de forma literal en cierta medida y que los significados literales de las palabras son considerados al comprender la frase. Por lo tanto, es muy probable que los resultados de estos análisis literales de expresiones idiomáticas ayuden a entender e interpretar los significados idiomáticos, especialmente en expresiones idiomáticas descomponibles (donde el significado global está relacionado con las partes idiomáticas). En cuanto a la convencionalidad, es posible que las expresiones idiomáticas altamente convencionales sean aquellas con las que todos los usuarios de una lengua tienen mucha experiencia acumulada como una estructura única. Por lo tanto, a pesar de la composicionalidad, la conexión entre la representación específica de las palabras y un significado idiomático es comúnmente aceptada. Es bastante lógico pensar que esta característica hace posible la comprensión rápida de estructuras idiomáticas (para las que los productos de los análisis literales son de poca ayuda) al permitir la recuperación directa de un significado idiomático estipulado.

De acuerdo con Titone y Connine (1999), en este enfoque, las expresiones idiomáticas se comportan de manera no-composicional en la medida en que sus significados figurativos son convencionales. Independientemente de si las palabras que componen una expresión idiomática contribuyen al significado idiomático de forma explícita o no, una expresión idiomática es una secuencia de palabras muy conocida por la comunidad de usuarios de una lengua, que la asocia sistemáticamente con un significado específico. Esta relación semántica estrecha entre configuraciones de palabras y significados figurativos, junto con la frecuencia con la que se encuentra una expresión idiomática en la lengua, permite la recuperación directa y rápida de significados idiomáticos. Además de su naturaleza no-composicional basada en la convencionalidad, las expresiones idiomáticas se comportan composicionalmente (es decir, se construyen a partir de componentes de palabras como las frases no idiomáticas) en la medida en que son descomponibles (es decir, poseen significados de palabras individuales que se asignan directamente a componentes del significado idiomático) y transparentes (Nunberg *et al.*, 1994). Dado que los significados de las palabras siempre se activan durante el procesamiento idiomático –gracias a unas palabras que podríamos definir «claves idiomáticas»–, las palabras componentes de secuencias idiomáticas pueden contribuir sustancialmente a la construcción de significados idiomáticos o una contribución semántica mínima a la construcción de significados idiomáticos. Por ejemplo, en el caso de *vamos a poner un poné*, se activarían paralelamente los significados de cada una de las palabras. Empezando por «poner» como verbo, a medida que se vaya desarrollando la expresión y se llega a la palabra «*poné*», se activaría el significado de «*poné*» como «ejemplo». Esto determinaría un recálculo que llevaría a elegir el significado de «ejemplo» para el sustantivo y el significado de «suponer» para el verbo.

Para resumir, durante el procesamiento de frases idiomáticas, el significado idiomático se recupera directamente cuando se encuentra una parte suficiente de la frase (es decir, en la clave idiomática) y se realiza un análisis literal de la frase (por ejemplo, se activan los significados de las palabras y se combinan composicionalmente). Según experimentos de seguimiento ocular llevados a cabo en el marco del modelo híbrido, si los productos de un análisis literal se solapan con el significado idiomático (como en el caso de las expresiones idiomáticas descomponibles), se facilita la interpretación, mientras que si los productos de un análisis literal son distintos del significado idiomático (como en el caso de las expresiones idiomáticas no descomponibles), la interpretación es más difícil.

Un enfoque basado en la relevancia. Según la teoría de la relevancia propuesta por Sperber y Wilson en 1986, la comprensión de lo que dice (o signa) nuestro interlocutor se enmarca en un proceso de inferencia. Una vez detectados los mensajes, los interlocutores necesitan enmarcarlos en los contextos más pertinentes, o relevantes, posibles. Desde un punto de vista teórico, hay dos principios que guían el proceso de inferencia:

1. El principio cognitivo de relevancia, según el cual la cognición humana está proyectada hacia una maximización de la relevancia.
2. El principio comunicativo de relevancia, según el cual cada acto comunicativo expresa su máximo nivel de relevancia.

Estos principios nos permiten construir y deconstruir conceptos y estructuras básicamente mientras realizamos nuestras interacciones. Más concretamente, el proceso de comprensión funcionaría siguiendo unos pasos muy básicos: empezaría considerando las hipótesis interpretativas más accesibles y se pararía una vez satisfechas las condiciones de relevancia. Considerando estos principios, ¿sería posible considerar las expresiones idiomáticas como representaciones mentales, analizadas como estructuras oracionales e interpretadas según la Teoría de la Relevancia?

El trabajo de Vera-Moreno (2001) propone una adaptación de la Teoría de la Relevancia en su análisis de las expresiones idiomáticas. Empezando por los diferentes enfoques basados en la comprensión de estas estructuras, opta –como el modelo híbrido– por una activación léxica paralela de los componentes específicos (conceptos subyacentes a las componentes individuales) y de los significados generales (conceptos subyacentes a la expresión idiomática como conjunto). Gracias a la Teoría de la Relevancia, es posible avanzar en la explicación de que la activación de una línea específica puede depender de la relevancia encontrada durante el proceso de inferencia. El procedimiento planteado es muy simple y directo. En situaciones donde se utilizan expresiones idiomáticas familiares o desconocidas, aquellos que reciben el mensaje comienzan a considerar posibles interpretaciones basadas en la información disponible/accesible, siguiendo los principios de relevancia y minimización del esfuerzo cognitivo. Después de alcanzar la expectativa, el proceso se detiene. En este enfoque, si se buscan solo las informaciones más relevantes para el contexto de interacción, habrá información secundaria menos relevante que, aunque esté activada en un nivel subyacente, no se empleará para comprender la expresión idiomática de manera exitosa.

Vamos a poner otra vez este poné, si alguien de Sevilla escuchara por primera vez estar *ennortao,* asociaría el término «*ennortao*» con el concepto «estar en las nubes/confundido», debido a su familiaridad y experiencia con la expresión. Del mismo modo, si un extranjero o alguien de fuera de Sevilla escuchara la misma expresión idiomática, es probable que asociara primero el significado de «ennortao» con el contexto de norte (punto cardinal) y les atribuiría hasta un significado positivo por analogía con el refrán *perder el norte,* como me sucedió a mí antes de comenzar a escribir este capítulo. Así que, lo que se requiere es una constante sincronización entre los conceptos informativos de los elementos de las expresiones idiomáticas y el contexto material.

De acuerdo con cuanto evidenciado por Vera-Moreno (2001), las expresiones idiomáticas pueden ser almacenadas en nuestros léxicos mentales mediante datos lingüísticos, lógicos y enciclopédicos, seleccionado después por el principio de relevancia. La información lingüística se encargaría de custodiar las nociones de la interfaz semántica, sintáctica y pragmática. La información lógica se encargaría de guardar las relaciones que las expresiones idiomáticas mantienen con otros conceptos. Y la información enciclopédica se encargarían de soltar –cuando necesario– el conocimiento relacionado con la expresión que se ha adquirido con el uso y la exposición. Para concluir con la última sección, lamentablemente, tampoco los enfoques basados en la teoría de la relevancia se liberan de críticas y necesitamos más estudios para poder enmarcar las expresiones idiomáticas en una teoría más específica (o tal vez en ninguna).

CONCLUSIONES

Los diferentes enfoques propuestos en este capítulo han querido ofrecer las características principales de las teorías más tradicionales (como el enfoque composicional y no composicional) y más innovadoras (como el enfoque híbrido y el enfoque basado el Teoría de la Relevancia).

Consciente de que se trata de una pequeña pincelada respecto a toda la literatura sobre el tema, espero que quien se haya encontrado leyendo estas páginas haya podido reconocerse en algunos refranes y entender algunos procesos cognitivos. Está claro que las expresiones idiomáticas no son simplemente secuencias de palabras no descomponibles que funcionan como palabras individuales no sujetas a procesamiento literal. Por otro lado, tampoco podemos negar la contribución que el significado de una palabra agrega al sentido general de la estructura. Diría casi que, *ni tanto ni tan calvo* (me perdonará el/la lector/a sevillano/a). También hay que subrayar que el procesamiento y uso de las expresiones idiomáticas varían en función de la experiencia y de la necesidad de pertenecer a una comunidad de habla, sea esa oral o signada.

Para concluir, sabía, *de verdad de la buena,* que este trabajo era una locura, *no lo iba a hacer ni el guardia de la Campana,* pero me embarqué en esta misión divulgativa y espero que la lectura no haya sido *más pesá que la pata de un paso.*

ANEXO. REFRANES Y EXPRESIONES SEVILLANAS Y ANDALUZAS RECOPILADA PARA ESTE CAPÍTULO (EN ORDEN ALFABÉTICO)

— *«A juí»:* expresión que indica el acto de irse sin referencia al sitio (*comunicación personal por parte de un/a hablante nativo/a sevillano/a*).
— *«Aligerarse»:* darse prisa, porque ligero significa rápido (*comunicación personal por parte de un/a hablante nativo/a sevillano/a*).
— *Apañao/apañá:* adjetivo que hace referencia a las habilidades, destrezas o atractivo de una persona (*comunicación personal por parte de un/a hablante nativo/a sevillano/a*).
— *Bulla:* expresión andaluza que indica el hecho de tener mucha prisa o para referirse a una cantidad elevada de personas (*comunicación personal por parte de un/a hablante nativo/a sevillano/a*).
— *Cacharrito:* sinónimo para referirse a las atracciones de una feria (*comunicación personal por parte de un/a hablante nativo/a sevillano/a*).

— *Cucha:* formula abreviada de la oración imperativa/exhortativa «escúchame» (*comunicación personal por parte de un/a hablante nativo/a sevillano/a*).

— *«Esa mano pide bolso»:* expresión que se refiere a los rasgos afeminado de una persona de sexo masculino —no necesariamente en tono despectivo (*comunicación personal por parte de un/a hablante nativo/a sevillano/a*).

— *«Estar apalancado o apalancao»:* expresión que hace referencia a un estado de relajación y con pocas ganas de hacer algo (*comunicación personal por parte de un/a hablante nativo/a sevillano/a*).

— *«Estar ennortao»:* expresión idiomática equivalente a «estar en las nubes» (*comunicación personal por parte de un/a hablante nativo/a sevillano/a*).

— *«Estar más perdío que el barco del arroz»:* expresión idiomática que se refiere a alguien desorientado. La expresión tiene sus raíces en un acontecimiento histórico según el cual un barco que transportaba un cargamento de arroz salió del puerto de Melilla hacia Málaga, pero nunca llegó al puerto de destino (*comunicación personal por parte de un/a hablante nativo/a sevillano/a*).

— *Esto lo va a hacer el guardia de la Campana:* expresión usada para indicar algo difícil y complicado, por referencia al tránsito existente en aquella zona de Sevilla *(Carbonero, 1982: 57).*

— *Flama:* expresión que hace referencia a un calor asfixiante (*comunicación personal por parte de un/a hablante nativo/a sevillano/a*).

— *Hay que echarle agua, todavía está morita:* considerada la larga tradición árabe y musulmana de Andalucía, este refrán parece tener sus raíces en las prácticas bautismales y de conversión a la religión católica (*comunicación personal por parte de un/a hablante nativo/a sevillano/a*).

— *Jarruchear:* sinónimo de cotillear o inmiscuirse en los asuntos de otros (*comunicación personal por parte de un/a hablante nativo/a sevillano/a*).

— *Jartá:* expresión usada para referirse a una cantidad elevada de algo —generalmente en relación a la comida (*comunicación personal por parte de un/a hablante nativo/a sevillano/a*).

— *Más bueno que el pan de Alcalá:* expresión que indica algo que es difícilmente mejorable (*Carbonero, 1982: 57*).

— *Más largo que un día sin pan:* expresión que indica algo aburrido (*comunicación personal por parte de un/a hablante nativo/a sevillano/a*).

— *Más pesao o pesá que la pata de un paso:* expresión usada para describir a una persona «intensa», con referencia a la Semana Santa, que tan intensa y popularmente se vive en Sevilla. (*Carbonero, 1982: 57*).

— *Más pesao o pesá que una vaca en brazos:* expresión usada para describir a una persona «intensa» (*comunicación personal por parte de un/a hablante nativo/a sevillano/a*).

— *Mijilla:* palabra usada para referirse a una cantidad pequeña de algo (*comunicación personal por parte de un/a hablante de sevillano/a*).

— *«Noniná»:* expresión formada por una secuencia de tres negaciones en una sola, equivale a una afirmación marcada. Para Pedro Carbonero es la máxima de la superlatividad y expresividad andaluza y afirma que «negar es la forma más efectiva y afectiva de afirmar algo, es un modo de pedirle complicidad al oyente» (*disponible en línea en https: //www.bbc.com/mundo/noticias-65495186, última consulta día 27/11/24*).

— *Patochá:* sustantivo usado para referirse a algo absurdo o que carece de sentido (*comunicación personal por parte de un/a hablante nativo/a sevillano/a*).

— *Quien tiene un tío en Graná/Alcalá, ni tiene tío ni tiene ná:* expresión que alude a quien se jacta de tener algún pariente acomodado, pese a que no puede recibir de él ningún favor, porque no se acuerda de él por vivir lejos o por cualquier otro motivo (*Instituto Cervantes*).

— *Quillo/quilla e illo/illa:* formula abreviada de la palabra «chiquillo/a», generalmente usado para llamar la atención de alguien (*comunicación personal por parte de un/a hablante nativo/a sevillano/a*).

— *Tener fatiga:* Encontrarse mal, tener náuseas (*comunicación personal por parte de un/a hablante nativo/a sevillano/a*).

— *Teskiyá/tesquiyá:* formula abreviada de la oración imperativa/exhortativa «te quieres ir ya» (*comunicación personal por parte de un/a hablante nativo/a sevillano/a*).

Bibliografía

ARRÓNIZ, Santiago y WILLIS, Erik (2023): *Fricativization of /b d g/ as Compensatory Allophony in Western Andalusian Spanish.* Conference: Hispanic Linguistics Symposium. DOI: 10.13140/RG.2.2.12359.06569

CACCIARI, Cristina y GLUCKSBERG, Sam (1991): «Understanding Idiomatic Expressions», *Memory and Cognition,* 1, 343-346.

CARBONERO CANO, Pedro (1982): *El habla de Sevilla.* Sevilla: Artes Gráficas Salecianas.

GIBBS, Jr. Raymond W. (1986): «Skating on Thin Ice: Literal Meaning and Understanding idioms in conversation», *Memory and Cognition,* 8, 149-156.

LAKOFF, George y JOHNSON, Mark (1980): *Metaphors We Live by.* University of Chicago Press.

NUNBERG, Geoffrey, SAG, Ivan A. y WASOW, Thomas (1994): «Idioms», *Language* 70, 491-534.

TITONE, Debra A. y CONNINE, Cyntia M. (1999): «On the Compositional and Noncompositional Nature of Idiomatic Expressions», *Journal of Pragmatics,* 31, 1655-1674.

SEARL, Jhon R. (1979): «Metaphor», en Ortony Andrew (ed.), *Metaphor and Though.* Cambridge: Cambridge University Press, 92-123.

SPERBER, Dan y WILSON, Drierde (1986/1995): *Relevance: Communication and Cognition.* Oxford: Blackwell.

SWINNEY, David A. y CUTLER, Anne (1979): «The Access and Processing of Idiomatic Expressions: Effects of Predictability and Literality», *Journal of Verbal Learning and Verbal Behaviour,* 18, 533-534.

VEGA-MORENO, Rosa Elena (2001): «Representing and Processing Idioms», *UCL Working Papers in Linguistics,* 13, 73-107.

Este libro, publicado por la Editorial
de la Universidad de Sevilla
terminó de imprimirse en Sevilla,
en febrero de 2026